日本歴史
私の最新講義

高橋　敏

# 江戸の平和力

戦争をしなかった江戸の250年

敬文舎

・刊行委員（五十音順）
荒木　敏夫
池上　裕子
大日方純夫
五味　文彦
栄原永遠男
白石太一郎
藤井　譲治
水本　邦彦
・装丁・デザイン
坪内　祝義

「蚕あがりの図」

江戸時代の農業は米作一色では決してなかった。民富を押し上げたひとつが養蚕であった。蚕は卵から孵化し、桑の葉を食べて成長し、脱皮を繰り返したのち繭をつくる。蚕が自然にやるわけではない。お蚕さんは、村を挙げ、農家総動員で育てたのである。

赤城型民家の風通しのよい二階の蚕室でたっぷり桑の葉を与えられた蚕は、マブシという繭をつくらせるための器具に移され、糸を吐いて繭を産出していく。待ちに待った現金収入になるマユカキ（収繭）のときがきたのである。マブシから繭を抜きだして蚕籠にひろげ、ケバを取った繭が山積みにされ、売り手市場の「蚕あがりの図」の情景となる。農家の庭先には繭の買い付けに諸国の生糸仲買人が詰めかけている。忙しそうに立ち働いているのは女性である。きびしい養蚕の労働を支え、切り盛りしたのは女の力であった。蚕繁昌の国上州のカカア天下はここに由来する。江戸の平和の養蚕農家の一場面である。

# 江戸の平和力

戦争をしなかった江戸の250年

●写真所蔵先・協力
群馬県立文書館（口絵）
国立歴史民俗博物館（109ページ）
犬山城白帝文庫（120ページ）
足利市立美術館（176ページ）
大原幽学記念館（181ページ）
鉄舟禅寺（206ページ）
個人蔵（144ページ、191ページ、292ページ、299ページ）

●スタッフ
本文レイアウト＝姥谷英子
図版・地図作成＝蓬生雄司
編集＝柳町敬直
編集協力＝森岡弘夫

●凡例
・年号は和暦を基本とし、適宜、（　）で西暦を補った。
・登場人物の年齢は、数え年で表記した。
・本文は、原則として常用漢字、現代仮名遣いによった。
・引用史料は、原文を尊重して掲載したが、読みやすさを考慮して読点を補った。また、適宜ルビを付した。
・参考文献の詳しい情報は、巻末にまとめた。
・本書のなかには、現代の人権意識からみて不適切な表現と思われる史料を用いた場合もあるが、歴史的事実を伝えるため、当時の表記をそのまま用いた。
・写真使用につきましては十分に注意を払いましたが、なにかお気づきの点などございましたら、編集部までご連絡ください。

目次

# まえがき

日本史上二世紀半余におよんだ稀有な江戸の平和は、一体全体なんであったのか。十数世代にわたって営まれた人びとの暮らしはなにをつくりあげたのか。時代区分「近世」のしがらみを取り払って日常のディテールに向かい合ったとき、どのような時代像が浮かび上がってくるのか。

今年の夏は、戦禍を逃れ中東からヨーロッパ諸国になだれ込む難民の悲惨な光景が、テレビの海外ニュースで連日映しだされ、また空爆と爆弾テロの惨状が目に焼き付けられた。戦争が日常茶飯事になって地球上のどこかで殺し合いがおこなわれ、今日も非戦闘員の女性・子どもまでもが拉致され、殺戮《さつりく》されている。戦争の惨憺たる厳粛な現実を目にしても、いつの間にか慣れ、平和ボケに堕している。

戦争は他国事と傍観して平和を満喫した敗戦から七〇年、戦争の悪夢が甦ってくる気配が現実になろうとしている。戦争の体験と記憶が薄れるにつれ、着々と平和の堀は埋められ、わずか七〇年にして戦争をする国に変貌を遂げようとしている。七〇年が短いか長いかは別にして、何百万の人びとが国内外で異常死を遂げた未曾有《みぞう》の戦争の戦後が終わろうとしているのである。

江戸の平和が新鮮によみがえってきた。なにゆえに二世紀半余の長期にわたって継続したのか。すぐに思い起こされるのが鎖国である。他力本願の国際的環境論のみで割り切ってしまっていいのか。「中世」と「近代」をつなぐ「近世」という時代区分の整合性を追うことに満足し、もっぱら無縁と楽の中世を断絶させ、自由と平等の近代のための悪しき遺産にすぎないというドグマにとらわれ、江戸という時代の特異性を見逃してきたのではないか。

武家にせよ農家・町家にせよ、何代にもわたり、二五〇年余の間相続してきたのには、平和が保障されなければ成り立たない。そうはいっても与えられた環境だけでは、二五〇年はもたない。独自の時代の意志ともいうべきものが働いていたのではないか。平和を創造していく時代の力である。もちろん平和を獲得して二世紀半もの長期継続させた主体は、江戸時代を生きた人びとである。本書を「江戸の平和力」としたゆえんである。

江戸の平和を可能にしたのは何であったのか。さまざまな切り口の光景が思い浮かんできた。江戸の平和力の小窓から見たら、そこにはどんな世界が広がっているのか。九つの切り口から掘り下げてみた。本書の構成を紹介しておく。

理路整然とした体系はない。半世紀のフィールドワークに依拠したオリジナルな江戸の平和力につらなる定点観察と分析である。狭少にしてアトランダムな地域史研究であるが、江戸時代史の平和の意味を解明する一歩となればと願っている。

# 序章

# 乱世の記憶と平和への願い

# 戦国乱世との訣別

## 江戸の平和の発見

日本歴史上、江戸時代ほど天下泰平、平和の時代はなかった。慶長二〇年（一六一五）の大坂夏の陣から慶応四年（一八六八）の戊辰《ぼしん》戦争まで、戦乱は皆無であった。この間の二五〇年余は戦いのない平和がつづいた。まさに未曾有《みぞう》な二世紀半であった。この歴史的事実を素直に見直すことから本書は出発する。

この半世紀、なにやかや江戸時代史研究にかかわり、終焉が間近に迫ったひとりとして来し方を振り返って複雑な思いにとらわれることがある。学界、アカデミズムの奔流に乗って、江戸時代はきたるべき明るい近代のために否定さるべき暗い封建時代の前代として、崩壊・解体されるべき対象としてひたすら分析・解剖することに、多くの時間を費やしてきた感がする。やや言いすぎかもしれないが、変革のドグマを裏づけるため、検地帳や年貢割付状・皆済《かいさい》目録などの公文書から支配・被支配の階級対立をひたすら析出し、これに幕府公式記録にもとづく政治史を加味した百姓一揆を主役とする近世史研究が主流をなしていた。かくして知らず知らずのうちに江戸時代のあら探しに専念してきたのではないかと、いまさらながらに忸怩《じくじ》たる思いがある。

本書は、乱世に明け暮れた中世と、日清・日露・日中・太平洋戦争と一〇年ごとに戦争を繰り返した近代の狭間《はざま》にあって、二五〇年もの長い間、戦乱がない平和の時代が継続した、特異な時代に着目する。

戦国乱世は、日本じゅうのどこかしこもが戦場となって人びとは濫妨狼藉《らんぼうろうぜき》によって暮らしを破壊され、果ては「乱取り」の捕虜とされて奴隷売買されかねない恐怖の時代であった。明治維新、文明開化から花開く明るい近代は、その帰結が日本列島を焦土としたのみならず、無差別な世界史上初の原爆・空爆による市民の殺戮《さつりく》、いまなお海外の戦場に屍《しかばね》を曝《さら》す戦死者、何百万という犠牲者を出すことになった。この日本史上未曾有の厳粛な歴史的事実から目をそむけてはならない。

昭和二〇年（一九四五）の敗戦からわずか七〇年、江戸の平和の時代にくらべ、その三分の一にたっせずして、戦禍の実体験の上に熱望した平和がいつの間にやら冷《さ》めて、忘れ去られようとしている。江戸の長期の平和の背景には、江戸時代人の平和、往時でいえば泰平の御代に対する思いが、熱く、根強く語り継がれていたと考えられる。

江戸時代二五〇年の平和はなぜ実現したのか。その素朴な疑問の解明に挑戦する。思いつきで賛美したり、先入観からあら探しをするのではなく、素直に事実に向き合うことを心がけたい。

## 戦争と飢餓の戦国時代

江戸時代人の平和への思いの根底には、戦国乱世のあまりに苛酷な戦場体験があった。

中世は、応仁の乱このかた戦乱の時代であった。とくに大河テレビで定番の戦国時代は、人びとが戦争から逃れがたい暗黒時代であった。華々しく映しだされる合戦の戦場は、見るも無惨な殺戮・掠奪《りゃくだつ》の地獄であった。

その後に襲う飢饉《ききん》を含め、「飢餓と戦争」の戦国時代を明らかにしたのが藤木久志のすぐれた一連の研究（『雑兵たちの戦場』『飢餓と戦争の戦国を行く』など）である。戦国大名・武将のヒーロー目線からでなく、戦場に巻き込まれた人びとに目を向け、多くの事実を掘り起こしている。戦場でなにがおこなわれたのか。氏の成果をすべて紹介はできないが、注目すべき事実のみ引用することを許容していただきたい。

### 九州島津軍の戦場

五十余人討取り候、男女・牛馬、数知れず取り候

敵二人打取り候、この外に十五、六の童子壱人《いちにん》、生捕《いけど》りにて、のき候

**南肥後の戦場**
敵千余人打取り、いけ取り惣じて二千人に及ぶ
よせ候て、男女廿余人打ちころす、また取り候、またかれこれ三十八人ともいう

**相模の戦場**
相模の青根の郷を散らしめされ、足弱を百人ばかり御取り候
世間ことごとく餓死致し候て、言説に及ばず、……男女を生け取りになされ候て、ことごとく甲州へ引越し申し候、さるほどに、二貫・三貫・五貫・拾貫にても、身（親）類ある人は承《う》け申し候

合戦で負ければ「打取り」殺戮されるか、「生け捕り」捕虜にされるかである。これが戦闘員のみならず非戦闘員にまでおよぶ。壮健な男子をはじめ足弱の女子・子どもまで生け捕りにされて、他郷、なかには異国にまで奴隷として売買された。連れ戻すには身代金が不可欠であった。生き残ったとしても、生活基盤である田畑は刈田《かりた》狼藉《ろうぜき》され、牛馬は掠奪され、飢饉のかっこうの餌食《えじき》になった。イエズス会の宣教師ルイス・フロイスは告発する。

ある者は親族、両親、子供、兄弟の虐待死を救おうと、二、三文の金で己を売り渡し、その金で支払おうとした。また彼らのある者は身を隠し、また逃亡を試みようとしたが、それは不可能であった。なぜなら、彼らはただちに捕らえられて殺され、彼らの家屋は掠奪されたり、蹂躙《じゅうりん》され、女子供たちは捕虜とされたからである。己れを売る者、息子や娘を売る親たちは、数限りなく……彼らは集団となって、雌雄の牛よりもはるかに安い値段で、身を売り歩いていた。

慶長五年（一六〇〇）、「天下分け目」の関ヶ原の大戦争があった。慶長二〇年には戦国時代に終焉を告げる大坂夏の陣があった。大坂城は炎上、落城し、十万にもおよぶ戦死者を出して天下統一が成る。

徳川家康の「元和《げんな》偃武《えんぶ》」からの江戸幕府の支配は、言語に絶する戦争を体験した人びとの、もう戦争は御免だ、戦争のない天下泰平の世がきてほしいという、厭戦《えんせん》から反戦の思いが重ねられ、受け入れる基盤となっていたのではないか。人びとのなかには天下人も含まれる。為政者とて真っ先に戦国乱世と訣別する覚悟が不可欠である。

## 天下は天道よりの預かりもの

「百姓は、財の余らぬやうに、治る事、道也」と全剰余労働を搾取《さくしゅ》する苛政の決まり文句で著名な天下人徳川家康の側近、本多正信の作と伝えられる「本佐録《ほんさろく》」は、国主の仁政がまずありきと説いている。まず天道からはじまる。

天道とは、神にもあらず、仏にもあらず、天地のあいだの主《ある》じにて、しかも体なし。（中略）天下国家を治る事も、此心より起《おこる》が如し。彼天道の本心は、天地の間太平に、万人安穏に、万物生長するを本意とす

天地の主である天道の本心は、天地の間を太平に万人を安穏に、天下国家を治めることにある。

それでは、国を預かるとはなんぞや

国主の国を預る事は、天子の天道より天下を預りたると同じ。是又《これまた》万民安穏にして、天下の為に忠を思ふべし。其国の治まりたるを知るは、先《まず》百姓の有付能《ありつけよく》、家居能《いえいよく》し、次《つぎに》国主奢《おご》らずして、公儀を恐れ、臣下は二心なく、国主に忠を思ひ、国中の人民、子は親に孝を尽くし、

夫婦・兄弟和合して、邪成政《よこしまなる》なくば、国主正しくして、下万民治たるとしるべし

国主徳川将軍が国政を預かるということは、天道から天下を預かったのであって、私すべきではない。百姓の暮らしをよくし、家屋敷を立派にすること第一である。仮に驕《おご》りに耽《ふけ》り、泰平の天下を乱したときはどうなるのか。東照神君となった家康はみずから宣告する（『東照宮御遺訓』）。

今天下の執権を天道よりあづけたまへり。政道若《もし》邪路にへんずる時は、天より執柄《しっぺい》たちまち取りあげ給ふぞ

自分はいま天道から天下を預かったのであって、もしも子孫が政道を誤って邪路に変じ、悪政をすれば、天よりたちまち取り上げられてしまうぞ。天下人とその継承者は、天下泰平の政道を受け継ぐことを胆《きも》に銘じさせられていたのである。

これがたとえ建前であるとしても、神君の遺訓として最高権威となって幕府・藩の治政の歯止めになって機能した。ところで、肝腎の支配される百姓町人は、より切実であったはずである。

# 平和への願い

## 「天下泰平・国土安穏」

下々の民百姓・町人の平和への願望をストレートに表現した文字資料は稀である。というよりこのような視点で資料を見直したことがなかったといったほうが適切であろう。それでも狭小なフィールドワークを振り返ってみると、二、三発見があった。

フィールドワークでかつての村域を歩くと、村境とおぼしき所に「天下泰平」「国土安穏」と左右に、中央に「南無阿弥陀仏」の名号《みようごう》が彫られた巨大な石造物をよく見かける。いままでは浄土宗系の念仏講が布教のため建立したものだと、あえて注目することはなかったが、果たしてこの程度の理解でよかったのか、疑念がわいてきた。

巨大な自然石を伐《き》りだし、石工《いしく》を頼んで建てるには、費用といい、人足といい、村をあげて大がかりな支援がなくては実現しない。これは「天下泰平」「国土安穏」が永劫《えいごう》に継続するように願望する村人の熱い思いがあって建立され、村境にあって、平和を乱す邪悪の侵入を六字の名号の霊力をもって追い払っているのである。

## 「兵戈無用」の庚申塔

かつてのフィールド、富士山東麓の駿州駿東《すんとう》郡葛山《かづらやま》村（現、静岡県裾野市）に建つ庚申塔《こうしんとう》に刻まれた祈願文を思い起こした。葛山村には、かつて戦国時代の土豪葛山氏の山城があった。駿豆相甲の四か国の国境に近い葛山は、駿河の今川氏・徳川氏、甲斐の武田氏、相模の後北条氏が入り乱れて戦う常在戦場の地であった。

葛山氏は戦国大名の勢力争いに翻弄され、城は落ち、滅亡する。葛山城下に暮らした住民は戦いに巻き込まれ、人足に狩りだされたり、家を焼かれたり、辛酸《しんさん》を舐《な》め尽くしたであろう。元和偃武から五七年後の寛文一二年（一六七二）、平和の時代を寿いで庚申塔を建立した。

（正）天下和順　日月清明　風雨以時　災厲《さいれい》不起　国豊民安　兵戈《へいか》無用
（右）駿州葛山村庚申供養都合十八人
　　寛文十二年壬子天十二月十九日
（左）奉造立庚申石塔為二世安楽也

天下は和順、日月は清明にして、風雨は四季の時候相応に、災害は起こらず、国は豊かに民は安らけく、もう戦はいらない。戦国乱世の戦禍を十二分に味わわされ、いま平和の江戸時代に生きる葛山村民一八人が、泰平の世の永続を祈願して建てたのである。「兵戈無用」（もう二度と戦争は御免蒙《こうむ》りたい）の文言は、江戸の平和を乞い願うメッセージではなかろうか。

## 家訓にみる平和

町人はどうか。わずかではあるが、手がかりは家訓にあるように思われる（入江宏『近世庶民家訓の研究』）。豪商三井家の家訓「商売記」に、乱世をくぐり抜けた商家の平和への思いが銘記されている。

天下様御恩、毎日忘れ申間敷《もうすまじく》候、何ほと商売致度《いたしたく》候ても、乱世に在之《これあり》候てハ往来金銀荷物等通用成不申《なりもうさず》候

商人にとって乱世では手も足も出ない。平和が確保されて商売は成り立つ。公儀御用達の三井であるから、天下様、徳川家康の御恩を強調しているわけでもなかろう。自然体で泰平の御世に感謝しているのである。家康は東照大権現の神になる。

江戸日本橋の木綿《もめん》問屋佐野屋孝兵衛の家訓には、泰平の御世を実現した東照神君を信仰する一項がある。

一、東照大権現　此御神之御恩沢ニ而《て》泰平之御世ニ相成、如此之渡世《かくのごときのとせい》も相成且《かつ》楽ミもいたし今日無事ニ暮し難有事可思知也《ありがたきことおもいしるべきなり》

東照神君の恩沢で泰平の御世になってこうして商売もでき、また楽しみも味わい、無事に暮らせることになったことを思い知らなければなりませんよ。

幕府権力に媚《こ》びて子孫に教え諭しているわけではない。真実に平和であることを感謝しているのである。

## 「七年の飢饉に逢ふとも、壱年の乱に逢ふべからず」

奇しくも江戸の平和が打ち破られた、元和偃武から二五三年、明治初年（一八六八）の戊辰《ぼしん》戦争に遭遇して、戦争のすさまじい惨状に戦国乱世の庶民の遺言を思い起こし、書き残した人物がいる。一介の東北の農民にして、幕末をたくましく数奇な足跡を残した、陸奥国伊達《だて》郡金原田《かなはらだ》

村の農民菅野《かんの》八郎《はちろう》（一八一〇～八八）である。尊王攘夷思想にかぶれて出奔《しゅっぽん》、幕末政局に首を突っ込んで捕らえられ、安政六年（一八五九）、八丈島に流罪となった。五年後の元治元年に赦免、帰郷後の慶応二年（一八六六）、岩代国信夫《しのぶ》・伊達両郡で起きた世直し一揆の信達《しんだつ》騒動を扇動・指導した。

戊辰戦争には、佐幕に固執する会津藩・仙台藩を批判、官軍の勝利を予言、支持しているが、地元東北が戦場となった現実に不安を抱き、わざわざ甥の安蔵を戦場に派遣して生の戦況を報告させた。これをもとに後年執筆したのが、「八老独年代記」である。甥安蔵は、官軍と佐幕東北諸藩との熾烈《しれつ》な戦闘を目の当たりにする。

もはや「軍記」「戦記」の侍の戦いではなく、連発銃・アームストロング砲といった近代兵器を駆使、百姓・町人の銃隊を主力にした大規模破壊、大量殺戮の戦争であることをこの目で確かめ愕然《がくぜん》とする。そこに思わず浮かんだのが、東北の先人たちの語り伝えてきた厭戦・反戦のことわざであった。

世話にも、七年の飢饉に逢ふとも、壱《いち》年の乱に逢ふべからずとは、むべなる哉《かな》〳〵

民間で教訓として伝承されたことわざにある、「七年飢饉に逢っても、たった一年の戦争に逢うよりはまだましだ」とは、よくぞいったものだ。以来昭和二〇年の敗戦までこの諺言は忘れ去られ、戦争に突き進んだ。当然江戸の平和の意義は無視され、一顧だにされることはなかった。戦国乱世と戦争の近代にはさまれながら、江戸の平和はなにゆえに二五〇年余つづいたのか。厭戦・反戦の願望だけで可能になったとは、とうてい考えられない。時代と社会のなかに平和への人びとの願望を充足させるものがあったからである。それらは何であったのか。それを尋ね、探り、明らかにしていくのが本書の目的である。

# 第一章

# 田畑を所有し家を建て先祖を祀る

# 田畑を所有する

## 先祖をたどる百姓

村の百姓がいかに生まれ、平和の恩恵を受けてどのような二五〇年余の歴史を刻んだのか。全体像を克明に実証するには制約がある。かつてのフィールドを振り返りながら、具体的事例を掘り起こすことから作業に着手したい。

まずは北関東、上野国勢多郡原之郷村《はらのごう》（現、前橋市）の小農船津伝次平《ふなつでんじべえ》家の事例から考えてみよう。公的には「船津」の姓は名乗れない。俗称であるが、世間一般ではまかりとおった。

原之郷村は、赤城山の西南麓にひろがる傾斜面に位置する。村高《むらだか》八三九石《こく》四斗《と》余、田の面積が三五町七反《たん》二畝《せ》余、畑が一一四町四反六畝余である。畑が田の三倍以上を占める畑方優位の村柄《むらがら》である。養蚕・生糸業を主力として発展する上州の村々ではけっして珍しくない。

船津伝次平家三代伝次平（一八一〇〜五七）は、自家がどのようにして生まれ、いまにあるのかをさかのぼって調べ、「藤原姓船津氏系図」（以降「船津氏系図」と略称）を作成した。平和の世がつづけば農家も代を重ね、それなりの家の歴史を積み重ねていたのである。

**船津一家の系図**

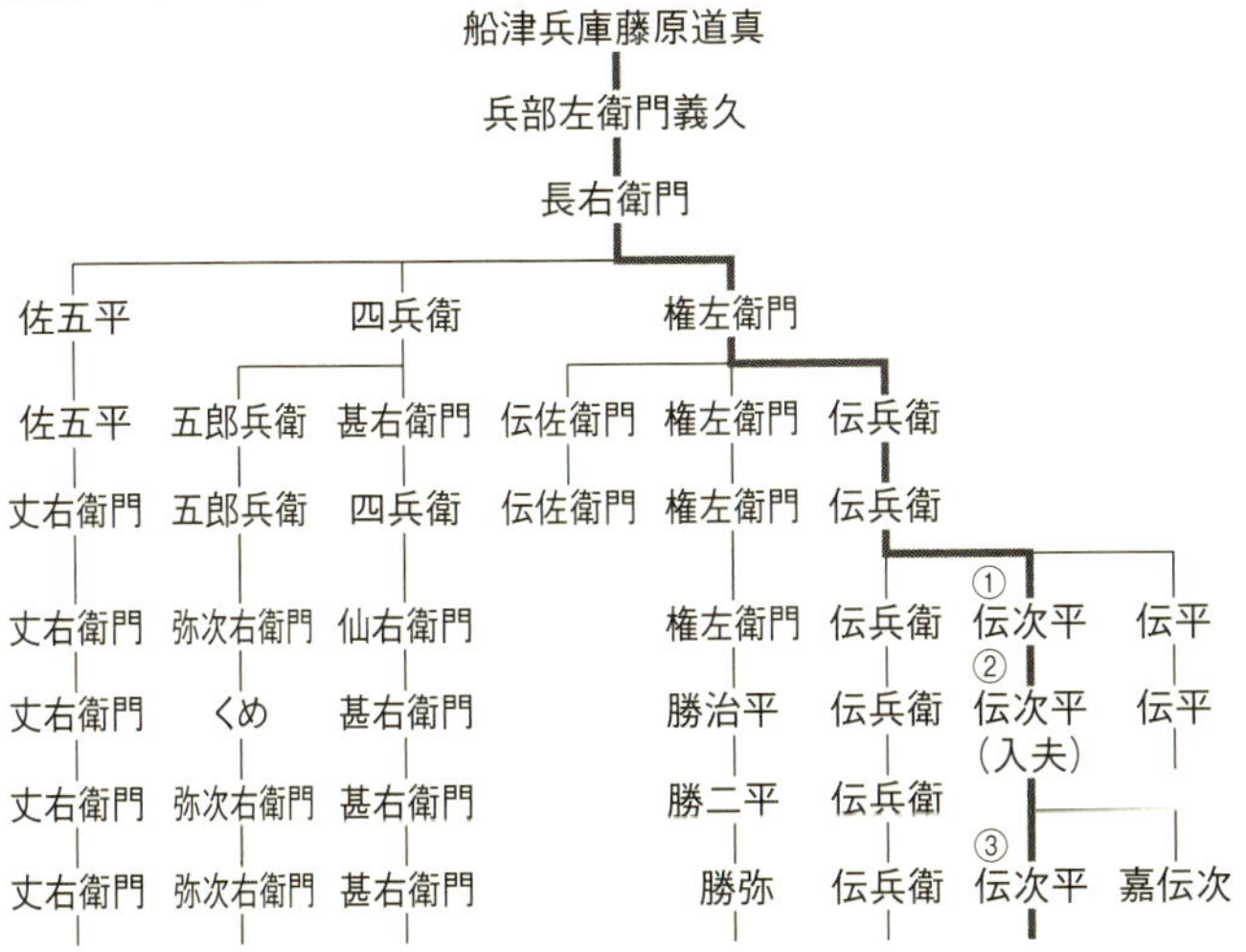


藤原姓船津家系図より作成

草分け初代から８家に増加し、村が発展していく一面を示している。長男(権左衛門)の分家が多く、本家と分家の間の格差はない。女子の相続もまれにあった。

当然そこには由緒を探り、家格を誇示しようとする意欲が生まれてくる。家譜・系譜を編むのが、一端の農家のステータスになっていた。伝次平は村役人の経験者であったので、検地帳や人別帳その他公文書にあたり、菩提寺《ぼだいじ》や同族に尋ねたりしてまとめたものであろう。

この系図をたどりながら、「有付《ありつき》能《よく》、家居《いえい》能《よくし》」の泰平の世の一農家の歴史を垣間見たいと思う。

船津氏の元祖は船津兵庫藤原道真、なんといかめしい名乗りである。「船津」姓に「兵庫」の役職名、遠祖を古代貴族藤原氏に求め、諱《いみな》を「道真」

とは、百姓の名乗りではない。

其先、甲斐国群（郡）内之内船津村ヨリ出タリ。武田信玄之家臣也。後上野《こうづけ》国二間在所ニテ百石ヲ受領ス。後、故アリテ原之郷ニ住居ス

船津道真は甲州郡内船津村（現、河口湖町）から出て戦国大名武田信玄に仕え、信玄の勢力拡張にともない、上州二間（不明）に所領一〇〇石を受領した武士であった。天正元年（一五七三）信玄が亡くなり、勝頼の代の天正一〇年、主家武田氏が滅亡し、所領を失い、流浪の末に原之郷村に落ち着いた。見方を変えれば、戦国乱世の殺し合いから命を拾い、泰平の世の原之郷村の百姓になって、船津一家《いっけ》（「イッケ」といい、同姓の同族を総称する）の元祖となった。ただ目下のところ、村内に道真の存在を証明する痕跡は見つかっていない。

二代兵部左衛門藤原義久は一〇六歳の長寿を生き、寛永二〇年（一六四三）に没している。逆算すると生年が天文六年（一五三七）になり、未だ信玄は当主の座になく、信じがたい。しかし、慶長一二年（一六〇七）阿弥陀堂を建立したとあり、船津の一家墓地中央に後年つくられた墓碑があり、先祖様として祀《まつ》られている。この道真・義久の流れが船津一家の本家となって、五代か

ら甚右衛門を世襲名としたと考えられる。

伝次平の系譜は四代四兵衛の兄権左衛門が分家したところから始まる。権左衛門の二男伝兵衛が分家、さらに分家して独立したのが伝次平家である。三回もの分家を経て誕生した「新宅」（新家）である。それでは三度の分家をさかのぼって、伝次平家のルーツをたどることにする。

## 原之郷村と船津氏

村は、構成員である百姓、農民がいなくては成り立たない。幕府は村域を定め、年貢の対象となる田・畑・屋敷・山林などを個々に検地し、一筆《いっぴつ》ごとに面積と所有者を記載する名請《なう》けをおこない、土地台帳ともいうべき検地帳（水帳）を作成した。村と農民の原点は検地帳にあり、以降、年貢の収取は検地帳を基本におこなわれた。

検地帳に名請けされることによって、生活基盤である田畑・屋敷の所有が公認され、百姓として自立する出発点となった。のちに詳述するが、二五〇年余にわたる長期の間、村落社会は活性化し、田畑・屋敷の売買・質入れが頻繁におこなわれ、停滞どころか栄枯盛衰が繰りひろげられた。教科書で教えられる寛永二〇年の田畑永代売買禁止令、延宝元年（一六七三）の分地制限令は、政策上の建前であって有名無実であった。本章がなににも増して如実な証明になるであろう。

元禄二年（一六八九）の検地帳がもっとも古い。分家の分家、そのまた分家の伝次平家が登場することはないが、淵源をたずねるため、ひとまず検地帳にさかのぼってみる。本家甚右衛門と権左衛門・五郎兵衛二分家の屋敷は一塊になって名請けされている。

屋敷八畝拾歩《ぶ》　　　　甚右衛門
屋敷五畝拾歩　西原　五郎兵衛
屋敷六畝廿三歩　下　権左衛門
屋敷弐畝拾八歩　　　同　人

本家甚右衛門が八畝一〇歩の二五〇坪、五郎兵衛が五畝一〇歩の一六〇坪、権左衛門は二筆で九畝一一歩の二八一坪となる。屋敷にふさわしい坪数である。

原之郷村の屋敷は五町五反七畝一五歩、名請け人は一六八人であるので、平均は約三・三畝の約一〇〇坪であり、それからすると船津家はかなりの農家であったといえよう。

## 船津伝次平家の所有田畑

「船津氏系図」によれば、元祖道真から八家に分裂、増殖した船津一家の末端に伝次平家はある。いつ分家したかは不明であるが、伝次平家の家産が判明するのは安永九年（一七八〇）、初代伝次平（一七三八〜九九）の代である（「原之郷村西原組名集帳」）。田一反七畝一一歩、畑七反六畝一九歩の九反四畝の自作農である。二対八の田・畑比は、米作優位の石高制から不利にみえるが、畑作の養蚕生糸に活路をひらいて発展する上州原之郷村にあっては一般的で、むしろ成長が約束された経営規模である。

以降、家産とこれを経営する家族と馬の有無について明らかになるところを次ページの表に示した。九反台から一町五反台の畑・田を所有し、家族労働によって経営している、中農の上層の部類であろう。屋敷に関して不思議と村の公文書記載はないが、二代が寛政年間にまとめた「田畑地高名集帳」から家産の明細をまとめたのが、三三ページの表である。

分家当初の家産は、田一反八畝一八歩、畑七反一畝一六歩、屋敷三畝二三歩、合わせて九反三畝二七歩であった。これに寛政九年（一七九七）、川端村孫八から、田一反一畝二四歩を金九両、畑九畝を一八両で買収した。分家直後、隣村川端村に進出して二七両もの大金を投じ、経営の拡大に乗り出していた。

## 船津家の経営規模

| 和暦　（西暦） | 田方 | | | 畑方 | | | | 小計 | | | | 家族構成 |
|---|---|---|---|---|---|---|---|---|---|---|---|---|
| | 反 | 畝 | 歩 | 町 | 反 | 畝 | 歩 | 町 | 反 | 畝 | 歩 | |
| 安永9（1780） | 1 | 7 | 11 | | 7 | 6 | 19 | | 9 | 4 | | 家主（55）、女房（42）、長男（25）、次男（18）、長女（12）、馬1 |
| 寛政4（1792） | 3 | 4 | 22 | | 6 | | | | 9 | 4 | 22 | |
| 寛政7（1795） | 1 | 8 | 11 | | 7 | 6 | 9 | | 9 | 4 | 27 | |
| 寛政9（1797） | 3 | 12 | | | 8 | 5 | 9 | 1 | 1 | 5 | 21 | |
| 文化4（1807） | 4 | 4 | 22 | 1 | 1 | | | 1 | 5 | 4 | 22 | 家主（28）、女房（25）、長男（2）、長女（5）、馬1 |
| 文化12（1815） | 4 | 4 | 20 | 1 | 1 | | | 1 | 5 | 4 | 20 | 家主（36）、女房（33）、長男（10）、次男（6）、馬1 |
| 天保10（1839） | 1 | 1 | 24 | 1 | | 4 | 25 | 1 | 1 | 6 | 19 | 家主（28）*、父（58）、母（57）、女房（30）、長男（6）、長女（2）、馬1 |
| 嘉永2（1849） | 1 | | 24 | | 8 | 8 | 8 | | 9 | 9 | 2 | 家主（40）*、父（70）、女房（43）、長男（17）、次男（9）、長女（14）、馬1 |
| 嘉永3（1850） | 1 | 1 | 24 | 1 | 5 | 1 | | 1 | 6 | 2 | 24 | 家主（35）**、母（58）、女房（32）、長男（11）、次男（6）、三男（2）、馬1 |
| 慶応3（1867） | 1 | 9 | | | 8 | 7 | 14 | 1 | | 6 | 14 | |

*二代伝次平　**三代伝次平

安永9年『原之郷村西原組名集帳』ほかより作成

単婚か2世代の家族労働で1町前後を耕作する典型的自作中農である。畑が田を圧倒しているのは、養蚕を主たる生業とするためである。

田より畑が高いのは、養蚕生糸で繁昌する上州では当たり前の相場であった。合計すると田が三反一二歩、畑八反一六歩、屋敷三畝二三歩、総反別一町一反四畝二一歩にたっする。分家直後にして富農クラスの地主である。

畑が七〇パーセントを占め、田はわずか二七パーセントにすぎず、石高制の価値観からみれば劣悪の条件とみなされてもやむを得ない。しかも畑も悪地下《げ》々《げ》畑《はた》・山畑といった等級の低いものばかりである。ところが内実は大いに異なる。田はきっちり検地され、米納年貢にこだわる領主から高い税率で収奪される。

表中の中田一反二畝二四歩の場合が好

## 寛政年間の船津伝次平家田畑地高

| 種目 | 面積 | | | 本代（反当り年貢） | | | 取米（銭） | | | | | |
|---|---|---|---|---|---|---|---|---|---|---|---|---|
| | 反 | 畝 | 歩 | 石 | 斗 | 升 | 石 | 斗 | 升 | 合 | 尺 | |
| 中田 | 1 | 2 | 24 | 1 | 1 | 5 | 1 | 4 | | 7 | 2 | |
| 下田 | | 4 | 16 | 1 | | 5 | | 4 | 7 | 6 | | |
| 下々田 | | 1 | 8 | | 9 | | | 1 | 1 | 3 | 9 | |
| 田小計 | 1 | 8 | 18 | 3 | 1 | | 1 | 9 | 9 | 7 | 1 | |
| 屋敷 | | 3 | 23 | | | | 241文 | | | | | |
| 中畑 | | 9 | 19 | | | | 284 | | | | | |
| 下畑 | | 3 | 10 | | | | 147 | | | | | |
| 下々畑 | | 4 | 1 | | | | 146 | | | | | |
| 下々々畑 | 1 | 8 | 21 | | | | 453 | | | | | |
| 悪地下々畑 | 1 | 4 | 19 | | | | 148 | | | | | |
| 山畑 | 2 | 1 | 10 | | | | 682 | | | | | |
| 畑小計 | 7 | 1 | 16 | | | | 1貫820文 | | | | | |
| 寛政九年川端村孫八より買い入れ分 | | | | | | | | | | | | |
| | 反 | 畝 | 歩 | 石 | 斗 | 升 | 石 | 斗 | 升 | 合 | 尺 | |
| 上麦田 | | 7 | | 1 | 3 | 5 | | 9 | 4 | 5 | | |
| 中田 | | 1 | 22 | 1 | 2 | | | 2 | | 8 | | |
| 下田 | | 1 | 12 | 1 | | | | 1 | 4 | | | |
| 下々田 | | 1 | 20 | | | | | 1 | 5 | | | |
| 田小計 | 1 | 1 | 24 | 3 | 5 | 5 | 1 | 3 | 4 | 3 | | 代金9両 |
| 上畑 | | 9 | | | | | 720文 | | | | | 代金18両 |

「田畑地高名集帳」より作成

田方年貢の高さにくらべ、畑方は金納で軽い。一方、売買の相場は逆転して畑が田の２倍になる。養蚕の村の社会変動を如実に示している。

例である。反当たり一石一斗五升で石盛《こくもり》されるので一石四斗七升二合が賦課の収穫高とされる。この高から一石四斗七合二尺が取り米となるので年貢率は九割六分、まさに収奪にふさわしい。

上州の田は関東の他地域に比しても石盛が高い上に年貢率が異常に高かった。これでは百姓は立ちゆかない。このような胡麻の油にたとえられる搾取を乗り越えられたのは、山麓の畑地の開発にあった。荒蕪《こうぶ》の地に桑を植え、蚕を飼って生糸を紡《つむ》いだのである。税は安く、現金収入は農家の暮らしを潤した。悪地下々畑であっても桑がよく育ち、しかも税負担は軽かったのである。上州の農民は、年貢の高い田は捨て、畑地をひらいて自立した。百姓の智恵である。

## 伝次平家継承の危機回避――嫁が居座る

初代（一七三八〜九九）には長男伝之丞、二男安八があったが、長男が伝兵衛家を継いだため二男が二代を相続した。二代伝次平（一七六八〜一八〇三）は、隣村「横室村太兵衛女《むすめ》」を娶《めと》るが早世したため、後妻に「嶺《みね》村田中源佐衛門女」を迎える。しかし女子が生まれるが夭折、嗣子を得ることなく、享和三年（一八〇三）三六歳で急死してしまう。伝次平家と血縁のない後妻がひとり取りのこされることとなった。

おそらく二代の兄伝兵衛はじめ同族が集まって鳩首《きゅうしゅ》、談合の上、伝次平家永続を第一に相続を決めたのであろう。後妻に中箱田村吉右衛門が「入夫」して伝次平家二代を継続し、断絶の危機を切り抜けた。血縁よりも家永続が優先されたのである。

この経緯を後妻（「嶺村田中源佐衛門女」、実名は不明）の立場からみると、ずいぶん様相は変わってくる。嫁は実家に帰らず、「入夫」をとって婚家の伝次平家に居座ったことになる。男尊女卑といわれる江戸時代、しかも村社会で、嫁が夫なきあと後夫を迎え、家を切り盛りしたのである。異例ではあるが、めずらしいことではけっしてない。

船津一家の弥次右衛門家の二代は、初代の末娘くめが継いだ。くめは二代丈右衛門（医師峻《しゅん》貞《てい》）に嫁すが、夫が享和二年に亡くなったため、息子を連れて実家に戻り、文化三年（一八〇六）、婚家を相手に遺産を訴訟で争い、相続分の田畑を獲得して、実家弥次右衛門家の主になった。くめは文化一一年、領主松平氏の川越城下まで出訴し、執拗に相続分を要求し、翌年田畑三反四畝一五歩を譲渡させた（一六三ページにくわしい）。上州の女性はたくましく、自立の心意気に富んでいた。カカア天下は実在したのである。

入り婿の継続二代は、安政三年（一八五六）七八歳の長命で亡くなるが、なかなかのやり手であった。文政六年（一八二三）に「移徙《いし》」（わたまし、引っ越し）し、文政一三年、長男嘉伝次に家を建て、分家させた。三代は「船津氏系図」を編んだ二男理兵衛が継ぐことになる。

# 家を建てる

## 引っ越して家をリニューアルする

分家して代を重ねれば「家居」をそれなりに更新する必要に迫られる。文政六年(一八二三)正月、リニューアルにとりかかる。「移徙《いし》萬《よろず》覚帳」によれば、移徙に要した費用はたいした額ではない。

一、壱分弐朱《いちぶにしゅ》　木挽《こびき》
一、壱分弐朱　茅《かや》
一、五百文　釘《くぎ》
一、壱両弐百文　屋根葺《ふき》
一、壱両　大工

総計で金二両三分と七百文である。馬鹿にはならない出費ではあるが、一代に一度あるかないかの普請《ふしん》であるから、このくらいはふつうであろう。

それにしても、これほど廉価で移居できるとは、今日の金銭感覚では考えられない。この疑問を解くのは、村内の近隣・同族、村外の親族からなる共同体の助け合いである。

船津一家の勝治平・権左衛門・伝兵衛・甚右衛門・佐五平・弥次右衛門・丈右衛門ら二四人が、移徙を祝って米・粉・銭を持ち寄って扶助する。これに増して助力となったのは、人足と茅《かや》・縄の供出であった。正月二八日から二月五日の七日間で、二二人がのべ三一回の人足を務めている。二九日の屋根はぎには、一二人が動員された。

建築資材の提供も半端ではない。一一人が茅馬に二駄《だ》づつの二二駄、一人が縄二〇房を持ち寄った。銀行からローンを組んで連帯保証人を頼み、借金して家を建てる現在とは大違いである。持ち出しは木挽き・大工の手間賃と茅・釘の資材の不足分、それで家は建ったのである。

同族・親類、近隣のムラ共同体の相互扶助、連帯保証で、家のリニューアルはたいした難事業ではなかった。なかでも先祖を同じくする一家の同族の力は甚大である。原之郷村の西原と呼ばれる郭輪内に居住し、万端なにくれと助け合ったのである。平和の村のなせる業である。新築となるとどうであろうか。

## 家を新築する

七年後の文政一三年（一八三〇）一一月、後続二代伝次平は長男嘉伝次（二五歳）を分家し、家を新築する。この大普請を「新宅萬覚帳」に克明に記録している。「十一月十七日不動堂村九良左衛門別宅ヲ金九両ニテ買取」るところから始まる。相手は隣村とはいえ他村の九良左衛門、「頼人」（交渉人）に間に入ってもらい、別宅の買価、移動などの条件を交渉して、正式の売買証文を取り交わすことになる。

一七日、勝治平が先方に出かけ、買取交渉に結着をつける。翌一八日には伝兵衛・伝平が加わって三人が馬を引いて先方との別宅の引き渡し・運搬の段取りを詰める。三人は伝次平家のもっとも近しい同族である。頼りになるのは一家の同族である。

ここから近隣・親類・同族挙げての大工事が始まる。一九日から二八日までの一〇日の間、のべ九七人が別宅のおそらく解体して運搬する労役に奉仕した。うち一〇人は人と馬力が一体となった人足奉仕である。

一二月一六日からはいよいよ建築に着手する。ここからは大工や屋根葺などの職人が主役となる。原之郷村には大工七人、萱葺《かやぶき》一人が居住して用意は万全であった。

三日間で一四人が人足に出て、二〇日に「棟上《むねあげ》」を迎える。一七人の同族の面々が駆けつけ、無事の竣工を祈願して酒食が振る舞われた。翌々日二二日に六人、年が明けた天保二年（一八三一）に四人と人足がつづき、「壁塗《かべぬり》」には一四人が手伝った。かくして新築落成である。施主の継続二代伝次平は、「助人〆百五拾四人」と特記している。
新築にはどのくらい費用がかかったのだろうか。明細が記帳されている。

**覚**

寅《とら》ノ

一、拾七両也　　地処新屋敷
一、七両也　　家
一、弐両壱分ト壱貫九百九十五文　　大工勝蔵
一、三分也　　木挽
一、三分弐朱ト弐百文　　入用
　外ニ白米弐石余
卯歳《うどし》
一、弐両也　　萱

一、壱両也　屋根屋
一、壱両壱分ト百八十文　大工
一、壱両壱分壱朱　入用
一、壱分弐朱ト弐百六拾四文　大工
一、弐両壱朱ト弐百七十文　入用
一、壱分弐朱ト五百文　酒
外ニ白米三俵余

文政一三年が二七両三分二朱と銭二貫一九五文、翌天保二年が八両一分二朱と銭一貫二一四文、合計三六両一分と銭三貫四〇九文（一両六貫六〇〇文で換算すると二分余）、白米三石二斗（一俵四斗で算出、一石一両で換算すれば三両一分弱）になる。

金にしておおよそ四〇両、もちろん推計にすぎないが、一両一〇万円で換算すると四〇〇万円となる。現代の新築費用と比較すると格段と安い。その要因は「助人百五十四入ル」にある。時期は下るが、三代伝次平は天保一五年（一八四四）の手間賃日当一日一分で雇傭《こよう》している。この計算でいけば、一日だけで一五四人の人足奉仕は三八両二分に相当する。半額にもならない実費で新築されていたことになる。

地処・家屋の買収に二四両で約六〇パーセント、大工・屋根屋・木挽きの支払いに五両二分二朱と二貫四三九文で一四パーセント、入用四両一分と四七〇文で一〇パーセント、酒一分二朱と五〇〇文で〇・四パーセント、白米三石二斗が八パーセントの概算になる。

村も平和であればこそ、兄弟のいずれかの家を新築し、分家することが可能となったのである。家を建てても生計を立てる田畑が譲渡されなければ、分家は成り立たない。嘉伝次にどの程度家産が分与されたのか。

## 分家嘉伝次へ田畑分与

家産分与に関する文書はないが、分家前後の嘉伝次、伝次平両家の家族・所有田畑は明らかになる。分家一〇年後の天保一一年（一八四〇）の両家をみてみよう。

嘉伝次家は、嘉伝次（三五歳）、女房（三三歳）、男子伝吉（一五歳）、伊八（六歳）の単婚家族構成で、田一反五畝一八歩、畑八反一畝二二歩、合わせて九反七畝一〇歩の田畑を所有している。これに馬一頭が加わる。

伝次平家は、伝次平（二九歳）、父伝治良（五九歳）、母（五八歳）、女房（三一歳）、男子市造（七

歳）、女子（三歳）の、親の二代が隠居した二世帯同居の家族の構成である。田一反一畝二四歩、畑一町四畝二五歩の合わせて一町一反六畝一九歩と馬一頭を所有している。

嘉伝次はじゅうぶんに農業経営が可能な九反七畝余の田畑を分与されていたのである。しかも伝次平も一町一反六畝余の田畑を保持している。分家前の文化一二年（一八一五）が一町五反四畝余であるので、わずか三反八畝を減らしたにすぎない。

養蚕・生糸の景況を背景に上昇する農民の勢いを感ずる。家が新築されるまでの経緯と費用は明らかになったが、肝腎の家の具体的構造はどんなであったのか。

## どんな家を建てたのか――赤城型民家の成立

嘉伝次の新宅の具体像を知る手がかりはなかったが、たまたま伝次平・嘉伝次の屋敷近くの重郎兵衛の子孫で同姓の船津亀次さん宅から、文化六年二月作成の家相図がみつかった。家相の吉凶を占う家相図がつくられること自体が、家を建てることがめずらしいことではなくなっていたことを示している。

この家は、筆者が訪れた一九八〇年代、建て替えられたため存在しなかったが、一九六〇年代までは住宅として使われていたという。往時のスナップ写真からは、明らかに養蚕を目的に建て

**赤城型民家の農家**　屋内で養蚕の作業をするために2階の屋根を切り落とし、蚕室としている。赤城山西南麓の村々に多く見られる。（都丸十九一『写真でつづる上州の民俗』より）。

られた上州特有の赤城型民家であるとわかる。上州特有の切落とし屋根と土間前面の壁の頑丈な格子に面影は残っている。屋根の一部を切り落として二階をつくったのは、在来の三室ないし四室の平屋の家屋だけでは、やりたいだけの養蚕をやるのには狭すぎたからであった。

家相図をみてみよう。重郎兵衛の屋敷地は南と西側が道と接し、南一一間、西一九間四尺、北一七間一尺、東一五間四尺を垣根で囲んでいる。「門戸入口」は、道に面した南側東寄りに置かれた。建築物は主屋と「雪隠《せっちん》」、神社の小祠がある。開き戸をはいるとすぐのところに「新こやし」がある。雪隠は物置を兼ねた便所である。

重郎兵衛家の主たる生業、生活は母屋で営まれた。玄関の「大戸」をはいると、広い「土間」がひろがり、すぐ右手に内風呂の「湯殿」があり、釜つきの据え風呂が置かれていた。そのとなりに馬一頭を飼育する「馬屋」があった。その奥が「オコンマヤ」(馬屋の奥が訛《なま》ったといわれる)と呼ばれる食料を貯蔵する空間である。収穫した米・麦、自家製の味噌・醬油・漬物が樽で保存された。

突き当たりに「台処」がある。大小二基の煮炊きの「竈《かまど》」、貯水用の「カメ」、調理用の「流シ」のシステムキッチンが、食堂ともいうべき床張りの「板間」に連携してしつらえられている。「板間」には暖房と簡単な調理ができる「下炉」を切っている。自在鉤《じざいかぎ》が梁からつるされた囲炉裏である。土間は、いわば養蚕を含めた農作業に使われた。

母屋の半分を占める居住空間は、「板エン」に仕切られた「居間」の「拾畳半」と奥の「八畳」、それらに付設された小部屋である。一〇畳半の居間がもっとも広く、炉も切られ、日常の生活の場であった。奥八畳には、農家には一見不似合いな「とこ」の間と「袋棚」が置かれている。ここだけは畳が敷かれ、きれいな釣り天井が張られ、縁側とは障子で仕切られた奥座敷であった。

さまざまに豪華になる冠婚葬祭などの儀礼に際し、客を迎えるハレがましい空間で、文人趣味の香りさえ漂う。居間と襖《ふすま》で仕切られた「小部屋」には、居間に向かって仏壇が、その上方に神棚が置かれていたといわれる。家族は居間から襖を開け、仏壇の先祖を、神棚に祀られた種々の神々を拝んだ。

オコンマヤと馬屋の分岐点のあたりに、屋根裏の二階にあがる階段が設けられていた。南面に大きく明かり窓をとった二階は養蚕のかっこうの蚕室になった。赤城型民家は畑作・養蚕生糸で稼ぐ農民の家産のシンボルでもあった。家相図作成の二年前の文化四年の家族構成と所有田畑が明らかになる（「中通原之郷村五人組御改附寺社人別帳」）。

家主組頭
一、重郎兵衛㊞　歳五拾七
　女房　歳四拾四
重郎兵衛男子
　弥三郎　歳弐拾
　　私一家分
　　男弐人
〆三人

女壱人　　　重郎兵衛㊞

田畑合五反四畝歩所持仕候《しょじつかまつりそうろう》

壱反六畝弐拾六歩　田

内

三反七畝四歩　　畑

馬壱疋《ひき》

夫婦と長男の三人家族で五反四畝の田畑を所有、額に汗して耕作する小農の典型である。重郎兵衛にして家相図の家を建てているのである。嘉伝次の家屋敷も推して知るべしである。

ところで、船津伝次平家の収入、家計はどうなっていたであろうか。後続二代を継いだ三代と四代伝次平は、家計帳簿「家財歳時記」を書き継いでいた。天保四年（一八三三）から元治元年（一八六四）の三二年間の収支が詳細に記帳されている。収入は一〇両代に始まり、嘉永・安政年間には三〇両から六〇両、文久年間には一気に一〇〇両にたっしている。爆発的収入は、横浜開港後の養蚕の威力である。

# 先祖を祀る

## 死者を先祖に祀る

平和であることのなによりの証拠は、人びとが正常死を迎え、手厚い葬送儀礼をもって先祖として長く祀《まつ》られ、供養されることである。どこで亡くなったのか、遺骨はおろか、手がかりもなく未だ冥界を彷徨《さまよ》いつづける戦国・近代の異常死は、戦争の時代の必然である。江戸の平和の死はどうであったのか。

船津伝次平家には初代・二代・継続二代・三代の葬送儀礼がきちんと記録されている。寛政一一年（一七九九）八月四日、六二歳で没した初代が「父心圓観宗居士不仕合悔《ぶしあわせくやみ》御見舞牒」、享和三年（一八〇三）六月二二日、三六歳の若さで急死した二代が「法覚道音居士俗名安八不幸御見舞受帳」に記帳されている。家永続の証《あかし》のために、遺された家族・親族・同族が一体となって死者を手厚く葬り、供養する葬送儀礼を挙行し、死者を先祖として祀ったのである。

家政を取り仕切った実力者の女房も、当然盛大に見送られている。奇しくも二代正続の二夫に仕えた「行厳理教大姉」（戒名、実名は不明）は、天保一五年（一八四四）一二月二八日、六八歳で亡くなった。

夫の二代は六三歳で健在であったが、伝治良と名を変えて隠居し、次男理兵衛（三五歳）が三代を継いでいた。長男嘉伝次はすでに天保二年に分家独立している。三代は母の葬儀を「不幸諸入用記」にまとめている。香奠《こうでん》が村内二〇人、村外一五人、手習い塾九十九庵《つくもあん》の師匠でもある三代の「弟子」一三人から寄せられた。家刀自《いえとじ》の存在感を如実に示している。

安政三年（一八五六）一一月二〇日、七八歳の長命で往生を遂げた、伝次平家をもり立てた継続二代の葬儀は盛大であった。身代を息子に譲って久しい隠居であったが、村内一〇人、村外二二人、手習い筆子《ふでこ》関係四三人の七五人から香奠が届けられた。三四人分は金銭で約二両、他は米・粉・素麺《そうめん》・線香・ろうそく・お茶の現物である。葬儀に要した諸費用を列挙している。

覚

一、金壱両也　　法金
一、金壱分也　　野布施
一、金弐朱也　　御院代
一、五百文　　　御諸化《しょけ》

一、五百文　　　同
一、百文　　　　刺刀《さすが》
一、四十八銅　　きよめ
一、四百文　　　供弐人

船津一家の菩提寺は、隣村龍蔵寺《りゅうぞうじ》村の天台宗龍蔵寺である。龍蔵寺は天台宗青柳山談義堂院と号し、関東八談林のひとつで、前橋藩主酒井氏から寺領五〇石を拝領した名刹《めいさつ》であった。「法（奉）金」とは「智顗浄鏡居士」の二代の戒名代その他回向料《えこうりょう》として龍蔵寺に納めた御布施であろう。「野布施」は葬儀参会者への施物・振る舞い代、他は供僧、所化《しょけ》への謝金である。「刺刀《さすが》」は死者の護身用の短刀である。総計で金一両一分二朱と銭一貫五四八文である。これに死後三日目の仕上げの法要、「三日斎《とき》」の費用が加わる。

一、金弐朱也　　学頭様御回向料
一、五百文　　　御院代サマ
一、三百文　　　御諸化

一、三百文　　　　同
一、弐百文　　　　供二人
一、弐百文　　　　寮坊主

「三日斎」には、高僧の学頭・院代から所化・寮坊主まで七人もの僧が丁重に回向している。金二朱と銭一貫五〇〇文が布施である。死者は丁寧な葬送儀礼をもって旅立ち、先祖に祀られていたのである。

## 子どもの死を悼む

飢饉と戦争の戦国時代、一〇年ごとに戦争に明け暮れた近代、両者は共通してしわよせをを弱者の女性・子どもに押しつけ、犠牲にしてはばからなかった。戦後七〇年、いまなお中国の荒野に捨てられた残留孤児の悲劇は終わっていない。江戸の平和は、弱者の子どもをどのように扱ったのか。間引き・子殺しが日常茶飯事であったかのように喧伝《けんでん》されているが、果たして真実は何であったのか。子どもの死にこだわってみたい。

文政一一年（一八二八）に結婚した三代伝次平の長女はまは、天保三年（一八三二）九月三〇日、行年四歳で夭折した。病中から同族七人、親族二人から御菓子類の見舞いの品々が届けられ、死に際しては二四人から金銭・線香・お茶・麦粉・素麺・寒蒟蒻《こんにゃく》が香奠として寄せられている。子どもの死であるので簡素な葬儀であったが、「慈法童女」の戒名が贈られ、菩提寺龍蔵寺に「弐拾疋《ひき》」五〇〇文を納めている（「はま追善見舞控帳」）。

嘉永三年（一八五〇）九月九日、次男了太郎一〇歳を喪う。病中には薬礼四両二朱を投じ治療にあたっている。村内には同族の医師丈右衛門峻貞と三益がいる。葬儀に際しては、村内二一人、村外一四人、門弟子二四人の五九人から銅銭・線香・ろうそく・米・粉などが香奠として届けられている（「光幻童子俗名了太郎不幸帳」）。戒名は「光幻童子」、葬送費用二分二朱を要している。江戸時代の墓制は、夫婦は別として一人墓である。了太郎こと「光幻童子」は小さな墓碑に葬られている。

江戸の平和は厚薄の違いはあったが、老若男女隔てなく手厚く葬送し、先祖として供養したのである。

## 町家の事例——桐生新町の町家吉田家の場合

桐生新町は、幕府が交通と産業上の立地から政策的に造成した在郷町《ざいごうまち》である。幕府は商工業の発展の基盤都市とするため、商人・職人の移住・定着を積極的に推し進めた。北関東農村の養蚕生糸業の拡大にともない、絹織物生産の基幹都市に膨張する。石高わずか三二一石余にすぎないが、最盛期の化政期（一八〇四〜三〇）には、家数八〇〇戸、人口三〇〇〇人を優に越えた。この地に移住し、七代、栄枯盛衰を繰り返しながら家産を相続し、家を永続させた吉田清助家を取り上げてみたい（群馬県立文書館寄託「吉田家文書」）。

「吉田家歴代記」によれば、吉田氏の先祖は戦国乱世、下野国安蘇《あそ》郡一帯を支配する、藤原秀《ひで》郷《さと》の後裔《こうえい》を称する在地領主佐野氏に仕え、所領一〇〇貫の家臣であったとある。天正一三年（一五八五）、主君佐野宗綱が館林の長尾《ながお》顕長《あきなが》と戦い、流れ弾に当たって討死したため、唐沢山城を逃れ、山間険阻な飛駒《ひこま》郷に隠れた。その後、佐野氏を再興した房綱に出仕を計るが果たせず、慶長一九年（一六一四）、佐野氏も改易《かいえき》となって滅亡、浪人のまま天下泰平の世を迎えた。

吉田氏は戦国大名越後の上杉、相模の北条氏、豊臣秀吉・徳川家康の天下統一の大戦争の余波に翻弄され、戦国乱世の辛酸《しんさん》を舐《な》めた地方の武士のひとりであった。

初代甚兵衛寿清は、待ちに待った平和の世の到来に吉田家をいかにすべきか、「発明ナル性質」の次男嘉兵衛有益に将来を託し、存念を問い糾《ただ》したところ、つぎのように答えた。

乱世タラバ武士ナリテモ其働功ニ寄テ立身スル事有トモ、今泰平之御代ニテ新ニ武士ニナルトモ立身スル者千人ニ一人ナルベシ。治世ニハ商人ニナル方可然《しかるべし》、治乱共安心也

泰平の御世になったからには商人に立身の野望を託すことにした。仕官を選ばず民間に下って商人になるにしても、山間の飛駒郷から「大ナル商法」が成り立つ繁昌地を選択して移住しなければ立身はおぼつかない。

江戸ハ第一ノ繁昌地ナレトモ親族朋友遠ク離ルルモ本意ニアラス。サレハ近キ繁地ハ桐生・足利・佐野等なり。何《いず》レノ地ガ可然ト談セシニ桐生ハ其内ニテ道法《みちのり》モ近シ、殊ニ織物産スル地ナレハ足利・佐野ヨリモ金銭出入モ繁クシテ土地モ栄ヘリ、仍《より》テ桐生ニ出住ナシ

江戸は遠方すぎる。近場で絹織物業で繁昌し、よそ者を受け入れる新興桐生新町を選択した。在郷町桐生は町高三二一石余、反別は屋敷二三町一反六畝二九歩、田二町四反八畝六歩、畑三反一畝二三歩の割合となり、屋敷が約九〇パーセントを占める。氏神天満宮からほぼ南北を貫く大通りの両側町の一町目から六町目までの六町と、領主出羽松山藩の陣屋につうずる横町の七町か

ら構成された、町人の商工業都市である。

寛文一一年（一六七一）、二代嘉兵衛の器量を頼りに一家は移住する。四町目の住民になったとあるが、寛文一三年の検地帳の名請け人には甚兵衛・嘉兵衛父子は認められないので、当初は地借か借家人として居住したのであろう。

この年父が急逝するが、嘉兵衛は期待どおりに屋号吉野屋を名乗って「萬荒物商《よろず》」を開業、安売りで地歩を固め、質屋・酒造・呉服太物・絹買の多角経営に乗りだし、桐生有数の商人に立身した。嗣子がなかった嘉兵衛の悩みの種は家産相続であった。


血統数代連綿トシタル当家、我ガ代ニ至リテ、一子ナクシテ切絶セントセシニ幸ナル哉《かな》、親族ニ当家ノ血統系引タル三之助（伯母四男）有テ血統連綿タリ、後来斯《かく》ナル時ノ備ニモナリ又一族与力ノ者多クアラネバ数業多人数ノ暮ニテハ手廻サル事モアリ又不慮之こと、何カニ付テモ心元《こころもと》ナシ、仍《より》テ当家ノ血統引シ二男三男等ハ我ガ養子分トシテ同家一門ヲフヤサント了簡ナシ

「萬安売り」の小売業の大もうけで蓄積した元手をもとに、表店《おもてだな》の呉服太物から質屋・酒造・絹

買まで手広く営業するお大尽にまでのぼりつめた嘉兵衛にとって、家業と家産の永続が喫緊《きつきん》の関心事であった。嘉兵衛は血縁者への分家相続によって吉田家の永続をはかった。

嘉兵衛は新田郡長岡村の伯母の四男三之助を養子に迎え、本家として相続させる。さらに兄門兵衛の二男源兵衛を本家三之助の舎弟分にして五丁目東側上組屋敷一軒前を、同様に長岡村阿久津又六の三男又次郎に四丁目東側中組屋敷二軒前を、数年来の使用人で縁ある村岡氏の男子清兵衛に四丁目西側辻上の屋敷一軒半前を分与した。中枢の本家を三分家で守る永続法である。

本家の相続分は歴代が守りつづけた五丁目東側上組上より二軒目、表間口六間奥行四〇間の一軒前の屋敷八畝歩と上田二二歩と地続きの三軒目の屋敷一軒前の内の半軒前、表間口三間奥行四〇間の屋敷四畝と上田九歩である。

ところが四代忠右衛門、五代安兵衛の代になると経営は傾き、宝暦六年（一七五六）から忠右衛門が亡くなる天明元年（一七八一）まで借用証文八通、借金五三両三分におよんだ。そのつど家産の屋敷は質地に入ったままであった。安兵衛は追い詰められ、ついに寛政三年（一七九一）、隣家金子文治郎に家産すべてを七八両で売り渡し、店借《たながり》に身を落とすことになった。

六代清助（一七九四〜一八五七）は、家産を取り戻すべく京都西陣で修業、あらたな染色や機織のスキルを開発して、桐生を代表するマニュファクチュア経営の織屋に成長して盛り返す。文政一一年（一八二八）には一六九八両の利潤を上げている。

四六年後の天保八年（一八三七）、買い戻しをはかるが、金子文治郎家は倒産、本庄宿森田助佐衛門の手に渡っていた。やむを得ず森田と交渉、祝儀金二五〇両の大金でようやく買い戻す契約にこぎつける。ところが天保飢饉の不況に遭遇、一五〇両は用立てたが、不足の残金一〇〇両は調達できず、取り戻した屋敷二か所をふたたび担保に入れての借金となった。

その後織屋は好況を取り戻し、残金一〇〇両に利息一〇両をつけて返済、名実ともに吉田家を再興する。かくのごとくに町人社会の栄枯盛衰ははげしく、成功者は家産を増殖し、失敗者は即破産という競争原理がシビアに働き、両者のトラブルを回避するため、文書手続きによる厳正な契約がおこなわれた。これに幕府も藩もいっさい介入していない。

六代清助は表通りに家屋敷を構え、工女十数人を抱えるマニュファクチュアの手前機《てまえばた》と外注の出機《でばた》五〇を有する織屋として財をなし、質屋も兼ね、火消役として町政にも重きをなす家に成長させた。また、清助は家業のかたわら江戸の国学者橘守部《たちばなもりべ》に入門、秋主《あきぬし》を名乗る桐生を代表する文人としても名を残した。

江戸の平和なればこそ、町人の町、在郷町が造成され、自由闊達《かったつ》な町人たちの商工業活動が展開したのである。

# 第二章

# 一人前と読み書き算用——後継者の育成

## 江戸のライフサイクル

### 誕生から子どもへ

江戸の平和が後継者の安定した育成システムを確立することを保障した意義は大きい。戦争と飢饉《ききん》は、家族・ムラ共同体の生活基盤を破壊し、子どもを産み育て一人前の後継者に育成する、連綿とつづく人類共同の事業を困難にした。平和な時代と社会は、安定した後継者育成システムを構築し、ライフサイクルを民俗慣行としてマニュアル化して定着させた。その軌跡を、庶民はさまざまな文書・記録にして残している。

誕生から死まで一生の折り目ごとに儀礼を設けては喜び・悲しみを共有したが、それは人類が地球上で歩んできた長い歴史の記憶をたどることでもある。

誕生、立って歩く一歳、言語を発する三歳、子どもの五歳、子ども仲間の七歳、一人前の一五歳、老人六〇歳、人間としての到達度とみなしてもよい。なかでももっとも重大かつ危ういのは、誕生から子どもに育つまでの時期であった。

ヒトの赤ん坊ほど、無能力な状態で産まれてくる動物はいない。放置すれば即、命は失われる。

家族・近隣・親族の助けなしに生きぬくことはむずかしい。

人びとはこのことを熟知して対応した。誕生を祝福する記録から紹介しよう。一章で紹介した上州の船津《ふなつ》伝次平《でんじべえ》家である。

文政九年（一八二六）八月一九日、継続二代伝次平が四年後に分家させる長男嘉伝次《かでんじ》夫婦に、初孫の太重が産まれた。嘉伝次の妻子はまだ同居しており、祖父伝次平は初孫太重の誕生を祝福する儀礼を、「孫之祝諸事扣帳《ひかえちょう》」として記録している。

一、金百疋《ひき》　ミロクシ秀　蔵
一、金弐朱《にしゅ》　田口　喜与八
一、金壱朱《いっしゅ》　ミロクシ謙　言
一、青銅三拾疋　同　勘右衛門
一、青銅弐拾疋　峯　平左衛門
一、金弐朱　同　源左衛門
一、産着　権左衛門
鰹節一本

一、初着　　　　　　　　　勝治平
　　鰹節一本
一、初着表　　　　　　　　伝兵衛
　　茶一袋
一、鰹節一　　　　横室　　太兵衛
　　粉壱ふくろ
一、米三升　　　　同　　　武　蔵
一、酒一樽　　　　　　　　甚右衛門
　　茶一袋
一、同一樽　　　　　　　　弥治右衛門
一、同　　　　　　　　　　八太夫
一、同　　　　　　　　　　才兵衛
一、米壱升五合　　　　　　伝　平
　　扇子
一、袖口切《そでぐちぎれ》　　　　　　　　重太夫

一、米弐升　　上箱田　菊次郎
一、阿部茶　　　　　　兵次郎
一、縮緬頭巾《ちりめんずきん》　田口　武　治
　　阿部茶

初孫誕生の報《しら》せに二〇人から御祝儀が届けられた。ミロクジの三人は、嫁（生母）の実家の関係者であろう。金一〇〇疋は一分であるので、三人合計で一分一朱に青銅三〇疋（一疋二五文で七五〇文）。相当な額の祝儀である。

金二朱の峯村源左衛門は妻の実家である。三人が産着の類を贈っている。同族の勝治平は鰹節一本付き、伝兵衛は茶一袋付き、重太夫は袖口切である。田口村の武治の縮緬頭巾は、いかにも蚕《かいこ》繁昌の国、上州を象徴する祝いの品である。

引用は略したが、ほかに同族の七人が一列に「拾弐銅」を寄せている。赤ん坊は家族・近隣・同族・親族に祝福され、この世に産まれてきていた。

## 桐生新町吉田家の「袴着」

桐生新町吉田家に目を転じてみよう。文政一一年（一八二八）一一月九日、六代清助と妻さとに嫡男元次郎が誕生する。

年が明けた初正月、桐生の氏神天満宮に氏子に認めてもらうための第一歩の初詣が行われた。父清助は、「吉田元次郎宮参祝儀帳」に、祝いの品々を持参した三〇人の関係者をくわしく列記している。

酒樽・扇子一対が多いが、産着・巾着《きんちゃく》・鳥目・紙などさまざまである。両親の仲人、松原屋藤助は「ちりめん・産着・扇子」を贈っている。

五歳の元次郎には、幼児から少年への成長を祝してはじめて袴《はかま》を着ける「袴着」の記録がある。「袴着祝見舞物受納帳」によれば、五一人が祝いの品々を持参して祝詞を述べている。樽・扇子一対は相変わらずであるが、初宮参りにはなかった足袋《たび》（絹・白）・雪踏《せった》が多いのは、元次郎の成育に対応した贈り物であった。清助は、初参りより二一人もふえた五一人もの祝賀に返礼の宴席を設けている。

「袴着祝御客帳」には四六軒、総数九二人にのぼる客人が記帳されている。当主はもちろんであるが、女性と子どもが過半を占めている。ばば・内儀・女中が四九人、子ども六人である。振る舞われた料理は不明であるが、原材料がメモされており、若干のヒントになる。

一、うんどんこ　弐ひき
一、せきはん　もち米弐斗
一、あづき　七升
一、ごま　壱升

畑作上州の馳走うんどんにハレの食物赤飯が出されたことは十分推測できる。元次郎五歳の袴着を祝って、近隣・同族・同業者・文人仲間が家族を引き連れ、宴席を盛り上げていた。日ごろ裏方で家族をささえる女・子どもが集まって元次郎を肴《さかな》ににぎやかに、なにか騒々しい飲み食いが彷彿《ほうふつ》としてくる。欠席した一一軒には、この日の馳走を出前で届けている。

この儀礼にかかわった家は五七軒、総人数一〇三人にたっする。元次郎は地域社会共同事業の一環として保護され成育している。

この程度で安心できないのが江戸の子育てであった。病が襲いかかってくる。なかでも難敵疱《ほう》瘡《そう》（天然痘）が待ち構えていた。

## 疱瘡との闘い

上州原之郷《はらのごう》村の三代船津伝次平《ふなつでんじべえ》は、天保三年（一八三二）九月三〇日に長女はまを四歳で、嘉永三年（一八五〇）に次男了太郎を一〇歳で亡くしている。疱瘡とは明記されていないが、はまの「追善見舞控帳」には、病に臥せる幼子に届けられた見舞いの品々が列記されている。

病中見舞覚

一、菓子拾六銅　八太夫
一、御菓子一袋　源兵衛
一、御菓子一袋　郷右衛門
一、同　一袋　弥次右衛門
一、養丹餅十　伝　八
一、大梨二　甚右衛門
一、御菓子一袋　権左衛門
一、御菓子　峯村　平左衛門

一、三拾弐銅菓子　　　源左衛門

七人は郭輪の同族、峯村の二人は生母の実家筋の親戚であろう。病児でも喜びそうな菓子が選ばれている。

了太郎については五一ページで葬送に関して触れたが、家計簿「家財歳時記」の「心得書」のなかに、薬礼など治療の入用が記帳されている。

一、金四両弐朱ト弐百文　　了太郎病気ニ付一切

一、金弐分弐朱也　　同不幸入用

疱瘡であったかは不明であるが、金四両弐朱余は大金である。葬儀費用二分二朱の六・六倍にもなる。

桐生新町吉田元次郎は、疱瘡の難関をクリアして祝祭と化している。天保六年（一八三五）三月、元次郎（八歳）は疱瘡にかかった。

吉田家の嫡男の一大事というわけで、父清助は三冊の長帳に顚末《てんまつ》を記録している。見舞いに殺

到する人びとと持参の見舞い品を記帳した「疱瘡見舞物控帳」、一か月余経過し、疱瘡が全快した四月一四日付の「元次郎疱瘡祝、祝ひもの受納帳」、それに見舞いに対する返礼として催した招宴を記録した「元次郎疱瘡祝御客帳」である。

元次郎疱瘡と知るや、六六人の関係者が子どもの喜びそうな菓子・砂糖・金平糖・梨などを持って見舞いに訪れた。歴とした表店《おもてだな》というよりは裏長屋住まいのカミさんらしきが目につく。子どもが一度はとおらなければならない災厄でもあった疱瘡は、身分の高下を問わず親の関心事であった。

元次郎は四月一四日本復を遂げる。生命の危機を脱した喜びは、一気に祝祭となって盛り上がる。五〇軒の町家が樽酒・扇子などを持参してお祝いに駆けつける。

吉田家では、病中見舞いと全快祝いに訪れた人びとに感謝の招宴を催した。居住する五町目三九軒七一人、四町目一七軒三二人、六町目四軒八人、その他一〇軒一二人、総計七〇軒一二三人、このほかに子どもが一二〇人も加わっている。総勢二四三人の大共同飲食会である。親族から、付き合いの濃い同じ町内、清助の取引先とつながりながら、子どもにいたっては、疱瘡送りの吉事に便乗して集まってきた、桐生新町の悪ガキが多く含まれていたと思われる。この日の招宴の献立は明らかになる。

一、うどん粉
一、こはいひ
一、酒
一、硯蓋《すずりぶた》
一、皿
一、丼

以上の六メニューである。この支度に吉田家は大わらわであった。調理から配膳・出前まで応援を求めている。

うどん打　若まつ屋市蔵
菜煮方　内山重蔵
ゆで方　新宿彦助夫婦
よび遣ひ　張屋松五郎
配方　鳶市

プロの料理人というよりは、町内・同業・関連業者のなかから調理に長《た》けた知人を頼んだのであろう。欠席者への料理の配達は、町の差配師の鳶《とび》に依頼している。元次郎の疱瘡送りは吉田家の儀礼をはみだし、町の祝祭に膨張・変容している。

種痘による疱瘡の治療が普及しなかった江戸の子どもは、災厄を送るものとして祝祭に護られていたともいえよう。

# 子どもから大人へ――一人前

## 子ども組と氏子入り

疱瘡《ほうそう》などの難関を乗り越えて七歳を迎え、少年の子どもに成長する。晴れて氏子《うじこ》の仲間入りをして子ども組に加入し、村・町共同体の一翼をになうことになる。子ども組は七歳から一四歳の男子からなり、頭《かしら》を擁し主として若者組の傘下《さんか》にあって祭礼行事に参画する。元々が文字文化と疎遠な習俗の内部に機能している存在であるので、文字資料で確認することはむずかしい。大人が演ずるには恥ずかしい所作や神に近いとされる神聖さが、子どもの出番となった。

子ども組が活躍するのは、小正月行事の「どんど焼き」(道祖神《どうそじん》祭)であろう。頭《かしら》分の指揮のもと、正月飾りを各家から集め、どんど小屋をつくり、寝泊まりまでして飲食する。正月一四日の早朝、火をつけ燃やす。どんど焼きの火は諸厄を払う。

また、子ども芝居（歌舞伎）の興行がある。若者組が熱心に取り組む氏神祭礼の付祭の地芝居《じしばい》の前座をになった。「踊り」と呼ばれ、出費も大きく、抑制しようとする村役人とたびたび衝突している。このように公的な社会との軋轢《あつれき》によって姿を現すが、子どもとして成長に不可欠な役割を果たしていた。いわば一人前の準備教育である。ゆるい組織であるが、子ども組でしつけられることの意義は大きかった。

## 原之郷村の若者組

非文字社会にあって、子どもを一人前の人間に押し上げたのは若者組の存在であった。非文字世界に棲息する若者組は、なかなか文字資料にはみえてこない。若者組の活動は、公的秩序との軋轢・衝突で引き起こされる事件となって、文字資料に登場する。

一般的には、一人前の重大な折り目とされる一五歳から二〇代、三〇前半くらいまでの男子で構成される年齢階梯《かいてい》組織である。頭以下諸役を置き、もっぱら祭礼の執行をにない、他方緊急を要する火事などの災害や急病人の発生など共同体・人命の危機に遭遇したとき、鉄の秩序のもと迅速にテキパキと集団の力量を発揮した。村・町共同体にとってなくては困る、頼りになる存在であった。それだけに発言力はつよく、村政・町政にとってときにはやっかいな存在となった。

原之郷村では、文政二年（一八一九）、組頭源兵衛を八分にした事件があった。若者組が取り組む祭礼の付祭の人形操《あやつ》り芝居への参加をめぐっての訴訟事件である。「踊る」と俗称された操り芝居には、人形遣いのほか、義太夫語り・三味線方・舞台づくりの裏方など多数の人力と、衣裳やプロの指導者の招請など大がかりな費用が必要であった。そのため若者組は氏神の祭礼であることを口実に、村人に「惣縛り」「惣懸り」「半懸り」という強制を加えた。惣縛りとは操り上演に要員のひとりとして加わること、惣懸りとはかかった費用を頭割りしたひとり分を、半懸りはその半分を負担することである

源兵衛は、たびたび準備の会合に出るなど、若者たちから「手伝い」を要請されたが、組頭の役職に急遽就いたため、「役前之訳、殊《こと》ニ諸掛リ等は人並ニ可差出《さしいだすべき》」村の公役の都合もあり、人並み惣懸りの負担には応ずるので、と断りを入れた。

その後も世話役四人が源兵衛宅を訪れ、操りに参加するよう執拗に説得している。それでも源兵衛は前言を繰り返し丁重に断っていたが、鎮守の祭礼という原之郷村の最大の行事であるので花金一分を出し、舞台づくりの手伝いに出たところ、「手伝無用」と追い返され、花金を突き返された。そして小若い者三人がやってきて小前《こまえ》（無高に近い零細農）の仁兵衛宅に出頭するよう呼び出しをかけられた。多勢に無勢、やむなく出かけたところ、西原の若者一同が居並ぶ面前で、一方的につぎのように申し渡された。

東原若イものより申来《もうしきた》り候訳合も有之《これあり》、殊《こと》ニ円龍寺より祭礼願之節、拙寺を相欺キ候抔《など》と申《もうし》

聞《きき》、円龍寺より差図ニ而《て》は無之候得共《これなくそうらえども》、其侭《そのまま》ニ難相成《あいなりがたき》訳合ニ付此度其許義《このたびそこもとぎ》御用之外着合《つきあい》不仕
旨被相断候

村内の公の場では小さくなっている厄介者の家の次男・三男が集団となれば、組頭を小前のところへ呼びつけ、「御用之外着合不仕」公用以外は付き合いしないと、村八分を宣告されたのである。鉄のような固い団結ときびしい内部規律をもつ若者組は、氏神の権威と操りを歓迎する村人と支持を背景に、村役人を八分にしたのである。

源兵衛は所持する一町余の年貢をきちんと納め、組頭の公役を務める百姓である。若者組によって八分にされ、生活に支障が生ずることは許されないと、当事者の若者一三人を領主に出訴した。吟味の上、若者が前非を悔い謝罪、源兵衛八分は氷解して、翌文政三年、一件は落着した。

とはいえ、この若者組の実力はどこからきているのか。一見無法な集団に思われるが、持高、家格の高下なく年齢高下を秩序の鉄則と定め、秘密結社に似た内部の規律と肉体的鍛錬で一五歳の新入りを一人前に鍛え上げた教育機能は、後継者育成にとって重大な役割を果たしていたのである。

## 桐生新町の若者組

桐生新町の若者組はどうであったろうか。嘉永四年（一八五一）、吉田元次郎は五丁目の若者を糾合し、町内長福寺の住持考智を不帰依のリコールをする騒動を起こしている。元次郎を筆頭に、若者二七名は連印の議定書を突きつけて解任を迫った。

**議定連印之事**

一、長福寺当住考智、身乍墨之衣《みはすみのころもながら》、更不守法道《さらにほうどうをまもらず》、本尊三宝大荒神 并《ならびに》 境内之犯諸仏諸神《しょぶつしょしんをおかし》、又町内ヲ思召無、不法之行、至迄他郷他村《たきょうたそんにいたるまで》風説 已 甚《すでにはなはだしく》、右様之住職ニ於致帰依、却而蒙仏神之罰《ぶっしんのばつをこうむる》、仍之正統心守之於ハ《これによりせいとうのこころにじゅうなはいにおいては》弐拾七輩、右住職之内諸奉加諸世話等一切致間敷之旨致議定一同之連印也、若 破 之 輩 於 在 之《もしこれをやぶるのやからこれあるにおいては》日本六拾余州大小之神社仏尊之大罰可被蒙《こうむるべく》、又何《い》ケ《か》様《よう》之難題 被 申 懸 候 共《もうしかけられそうろうとも》一切否申間敷候、議定書仍而如件《よってくだんのごとし》

嘉永四辛亥七月日

吉田元次郎
川島幸兵衛
山村粂次郎
中村国太郎（他二三名略）

長福寺住職の不法を糾弾、不帰依を訴える文書であるが、議定書の形式をとっているのは不思議である。というのは、内実が若者仲間の不帰依の誓約を守ることを神仏に誓った、熊野の牛王《ごおう》の起請文に近いところに目的があったからである。長福寺檀家はわずか三七軒で、吉田家の檀那寺浄運寺二七二軒にくらべ七分の一と小寺であるが、町内の寺院の現住に不帰依を宣言するとなれば、町政を揺るがすことになる。当然、檀家など住持支持者からの反発が予想される。

町内地持層の子弟であるが、いまだ家長にあらずして居候《いそうろう》の厄介者もいる若者組にあっては、脱落者を出すことを危惧して、議定連印して互いを縛ったのであろう。写しであるので印鑑が略されているが、おそらく多くは爪印《つめいん》であったと考えられる。

一件は、長福寺当住考智が「御若者御一統衆中」に「侘《わ》び一札」を入れ、全面降伏して落着する。若者組は勝利したが、町政を預かる役人は、その行動力と破壊力に警戒の念をつよめた。放置するのでなく、秩序内に組み込んで統制する策が出てくる。

**議定連印之事**

一、前々若者仲間厳重ニ執《とり》極メ候所、近年猥《みだり》ニ相成、旧新之分《わか》チも無之《これなく》、集会之節不参之族《やから》も在之《これあり》、何事も不行届《ふゆきとどき》ニ相成り、此姿ニ而《て》等閑候而《なおざりそうろうて》は至後年ニ御免祇園祭礼之差支《さしつかえ》ニ

相成、奉御上様江甚《はなはだ》奉恐入《おそれいりたてまつり》候《そうろう》次第、次ニは万一出火等之節、消鎮不行届ニも相成候故、此度一統集評ニ而致議定《ぎじょういたし》候条々之儀は毛頭致違背間敷候事《いはいいたすまじくそうろうこと》

若者組を町政の下部組織にしようとの企みが見え見えであるが、「御免祇園祭礼」「出火之節消鎮」に頼らざるをえない内部事情はうかがわれる。また組織内の規律も明らかになる。

一、一日たり共《とも》先ニ致加入候者ハ、不論老若、致貴敬、従旧新列座之事

一、新加入之者不論尊卑ヲ《そんぴをろんぜず》、三人ヅヽ万事世話役割と致し置、出火之節ハ消札幷《ならびに》丁ちん文配、集会之節ハ諸事世話可致之事、但し自分ニ而勤り兼候者は代ニ而も可然之事《しかるべきのこと》

序列は加入順とし、新入りは町内の家格・貧富に関係なく三人ずつの組となって、緊急の火事をはじめ通常の集会など万端真っ先に駆けつけ、労役を惜しむことなく務めること。新入りを一人前にする鍛錬であろう。

一、弐拾五才以前ニ加入之者は三拾才迄、弐拾六才より三拾才之間ニ加入之者は三拾三才迄、

三拾才より三拾七才之間ニ加入之者は三ケ年之間勤可申候事

入会時の年齢によって退会時を決めている。入会は強制に近い。拒めば八分にされそうである。もっともきびしい処分は、秘密事項を他に漏らした場合である。

一、祇園初集会之儀は、毎年五月朔日《さくじつ》と相定メ置可申候、但し揃模様幷ニ丁内ニ而取極メ致し候事、其外時々之参会ニいたる迄内証之相談事之儀は、仲間之外へ他言無用之事、若《も》し入他聞《たぶんにいれ》候者は、金二百疋《ひき》ヅヽ過料之事

金二〇〇疋（二分）の罰金は現金が飛び交う桐生ならではあるが、それにしても高額である。

桐生新町五丁目の若者組を垣間見たが、一人前がおぼろげながら浮かんだであろうか。

## 口伝と条文の若者掟

一人前と若者組の関連性を教えてくれるのは、非文字の口伝《くでん》と文字化された掟《おきて》である。伊豆半島各地には活発に活動した若者組の痕跡が残っている。西海岸賀茂村宇久須浜区の口伝条目から

要旨を紹介しよう。一五歳の新入りが若者宿でまず暗誦させられた、子どもとの訣別である。

基本
お前達《めえち》も、若い衆へ入《へえ》ったんで、子どもも心を打棄《うっちゃ》って、臨機口上、商売、宿を貞実に勤め、親には狼言《ろうごん》を言わないようにするだよ

臨機口上とは、朝だら「お早うごだんす」、昼間だら「今日は」、夜だら「お仕舞いですか」と言うだよ。近所親類で言いにくい場合には、朝だら「早いともう」とか、昼だら「ええ凪《なぎ》だともう」とか、夜だら「仕舞ったかい」とか言うだよ

親元から離れて世間様に踏み入れる第一歩のテストは、挨拶《あいさつ》ができるか否かであった。

つぎに南伊豆町子浦《こうら》の条文の掟を引用する。

自身番組掟
一、当村中拾七才より三拾五才迄之若居者、一夜五人宛《づつ》相揃、火之用心自身番宵より朝迄

無滞《とどこおりなく》相勤若居者役儀として精出可申事《せいだしもうすべきこと》

子浦村では、一七歳から三五歳までの若者が五人一組になって番小屋に泊まり込んで不寝番で村の非常事態に備えていたのである。自身番の共同生活をとおして一人前の教育が行われていた。

## 大原幽学と女子の「紐解き」

女子の成育儀礼がなかなかみえてこない。断片的になるが、習俗の事例を紹介してみたい。下総国香取郡長部《ながべ》村(千葉県旭市)を拠点に村落復興運動を指導した漂泊の浪人大原幽学《おおはらゆうがく》(一七九七～一八五八)は、女子の「紐解《ひもと》き」の成育儀礼を重視していた。隣村諸徳寺《しよとくじ》の門人菅谷家に「紐解祝儀法則」(紐解祝いの意義)を書き与えている。

帯締る毎に志を可定事
尤《もつと》も生涯可守之《これをまもるべし》

一、先祖や父母のよろこふ顔を見る耳《のみ》を何よりの楽とすへき事
附《つけた》り自分も悪き顔するは大不孝也

亦《また》親兄弟道友達の志を無益ニせざる事
亦兄弟友達ニ不限《かぎらず》立居に至る迄必男女の別を可為正事
亦人々の志にハ随ひ自分勝手ハ一生之はち（恥）と思ふへし
猶《なお》又女は十三才に成る迄ニ何に附《つけ》ても壱人前ニ可成《なるべき》志を可定置《さだめおくべし》
右之条々は帯締る度毎《たびごと》に必思出すへし必其志を定而帯を可締

弘化四未十一月

応需記之《もとめにおうじて》　名　法

名　当

女子七歳の折り目は、紐で結ぶ幼児の衣裳から帯を締める少女の衣裳に転換する「紐解き」の画期であった。幽学は、女子の一人前一三歳の前段階となる紐解きを成育儀礼として注目し、ひとり一人から覚悟の誓紙を書かせようと、その案文を「応需記之」、求めに応じ記した。旧来の慣行に手を加え、女子成育の要にしようとした幽学の習俗の改革から、女子七歳の紐解きと帯を締める一三歳の一人前の後継者育成の階梯が垣間見えてきた。

# 読み書き算用の習得

## 江戸は文字社会

江戸の平和は、文字文化を媒体とした契約社会をつくりあげた。書き文字は御家流《おいえりゅう》で統一され、方言などの地域差を越え一律に通用した。

この意義は大であった。幕府・諸藩の触れ・法令は、文字で表現された文書を介して通達された。高札《こうさつ》はもとより、年貢の割付・皆済《かいさい》、その原簿になる検地帳、住民を掌握する宗門人別改帳など、百姓・町人・雑民にいたるまで公文書によって支配されていた。文字を読み書きできない者は、公の世界では相手にされないほどの不利な立場に立たされた。

なぜそうなったのか。くどくなるが、そこには戦国乱世との訣別がある。武力や暴力で支配するのではなく、法によって文字文化を媒体に民を治めることに転換したのである。その背景には、儒学などに学んだ「治民」の政治道徳の影響がある。兵と農は分離され、武士は城下町に集住させられ、農から切り離された。農は武力をもたない代官によって管轄された。

いっぽう民間にあっても、田畑屋敷の家産の売買・質入れには厳重な契約書が交わされた。読み書きの識字力と算用の算盤《そろばん》・計算能力に劣る人はにせの証文をつかまされたり、不当な利息を払わされたりして不利をこうむった。また、村外への出稼ぎ奉公・婚姻、旅行などの移動にあたっても、身元を証明する文書を所持することが不可欠であった。日本列島津々浦々に文字文化が普及しており、読み書き算用を身につければ、日々の暮らしはもちろん旅をするのもさほどむずかしいことではなかった。

江戸の平和を持続させるためには、後継者に不可欠とされた読み書き算用のスキルを身につけさせなければならない。これを支えたのは、平和の世のなかに沸騰した教育熱であった。

読み書きがいかに学習されていったのか、原之郷村の手習塾九十九庵《つくもあん》からくわしくみてみよう。

## 手習塾「九十九庵」

三代船津《ふなつ》伝次平《でんじべえ》（当該船津家は歴代伝次平を称するため、とくに次代の四代老農伝次平と混乱するので、以下では世襲前の理兵衛とする）は、原之郷村西原郭輪の自宅に、手習塾九十九庵を開塾した。天保飢饉直後の天保九年（一八三八）ころであったといわれる。

この時期は、原之郷村はもっともきびしい状況に置かれていた。天保一〇年の原之郷村は、家数二一三戸、うち四〇が独身で、人口は七六四人、子どもは一六七人で一戸当たり〇・七八人であった。村の状況が判明する元禄一五年（一七〇二）から慶応三年（一八六七）のなかでも、人口・子ども数がもっとも少ない。

単純に豊かさが教育や文化を生みだすわけではない。村の曲がり角、転換を求められるときに、読み書き算用を習得させる教育機関、手習塾九十九庵が誕生したのである。

師匠理兵衛は、このとき二九歳、家主にして田一反《たん》一畝《せ》二四歩《ぶ》、畑一町四畝二五歩、馬一頭を所持し、夫婦・父母・長男・長女の六人家族である（三三一ページの表参照）。近村上小《かみこ》出《いで》村の藍沢無満《あいざわむまん》に入門、主宰する俳諧結社蓼園社《たでぞのしゃ》に属する俳名午麦《ごばく》を名乗る文人でもあった。手習塾九十九庵の名称は、俳号から取られていた。

僧侶が師匠の寺子屋は教え子を寺子といったが、手習塾では筆子《ふでこ》と総称した。理兵衛は入門した筆子個々に与え、学習させた手習いテキスト（教本）を「弟子記」に記録している。師匠はなにを教えたのか、筆子はなにを学んだのかが明らかになる貴重な記録である。

江戸時代には義務教育の学校はない。教育は民間の自由自在に任せられていた。手習塾をつくろうが、そこへ子どもを入門させようが、基本的に御上は干渉しない。したがって手習塾の設備・カリキュラムや、師匠の資格などの審査による許認可の手続きは不要である。読み書き算用に自信のあるものはだれでも、教場の一部屋でも確保できれば勝手に開塾して筆子を迎え入れることは可能であった。上州赤城山の西南麓の村の手習塾九十九庵の学習の実態はどんなであったろうか。

## 九十九庵のカリキュラム——だれしも学んだ「源平」「村尽」「国尽」

六四名の筆子の学習の記録を、入門（登山）から退塾（下山）まで使われたテキストについて次ページに示した。多種多様な教本のテキスト類であるが、九十九庵がになった大筋のところはみえてくる。筆子が最初に学んだテキストは、「源平藤橘《げんぺいとうきつ》」ではじまり「源平」（名頭《ながしら》）と親しまれた人名、名乗りに使われる漢字の読み書きであった。一五五の名頭、字数にして一六九である。これだけマスターすれば、日常生活に不自由しない。

つづいて近郷の村名の「村尽《むらづくし》」（村名）である。原之郷村が属する前橋藩領分の支配地域中通り三七か村の村名である。そして居村から一気に六八か国の名称を覚える「国尽」である。以上三点が、だれしもが学んだ基礎知識であった。これらに「郡名」や暦、方角に不可欠な「十干十二支」があわせて学習されている。その後は筆子の家庭事情、能力などによって師匠はテキストを取捨選択しているが、実生活に必須の各種証文・手形の書きかたをマニュアル化して教えているのが注目される。

## 九十九庵の学習テキスト

| 教本名 | 人数 | |
|---|---|---|
| 源平 | 45 | |
| 名頭字 | 6 | 55 |
| 名頭字尽 | 4 | |
| 村尽 | 32 | |
| 村名 | 15 | |
| 村名尽 | 6 | 58 |
| 村尽・干支 | 3 | |
| 村名・干支・郡尽 | 2 | |
| 国尽 | 34 | |
| 国尽・郡尽 | 24 | 63 |
| 郡尽 | 4 | |
| 十干十二支 | 1 | |
| 借用証文 | 6 | |
| 五証文 | 6 | |
| 関所手形 | 5 | |
| 証文 | 2 | 22 |
| 奉公人手形 | 2 | |
| 田地売券 | 1 | |
| 年中行事 | 17 | |
| 名にしおふ | 9 | |
| 東海道往来 | 8 | |
| 源氏 | 6 | |
| 源氏文字鏁 | 4 | |

| 教本名 | 人数 | |
|---|---|---|
| 手習壁書 | 3 | |
| 寺子往来 | 2 | |
| 教訓往来 | 2 | |
| 寺子教訓往来 | 1 | |
| 世帯道具字尽 | 2 | |
| 歳事記 | 2 | |
| 女今川 | 2 | |
| 訓教之書 | 1 | |
| 五人組条目 | 46 | |
| 妙義詣 | 6 | |
| 手紙 | 15 | |
| 古人手習 | 4 | 20 |
| 消息往来 | 1 | |
| 商売往来 | 43 | |
| 百姓往来 | 6 | |
| 世話千字文 | 21 | |
| つれつれ | 2 | |
| 万葉集 | 2 | |
| 師ノ説 | 1 | |
| 千字文 | 5 | |
| 蘭亭の書 | 1 | |
| 計 | 410 | |

## 九十九庵のカリキュラム

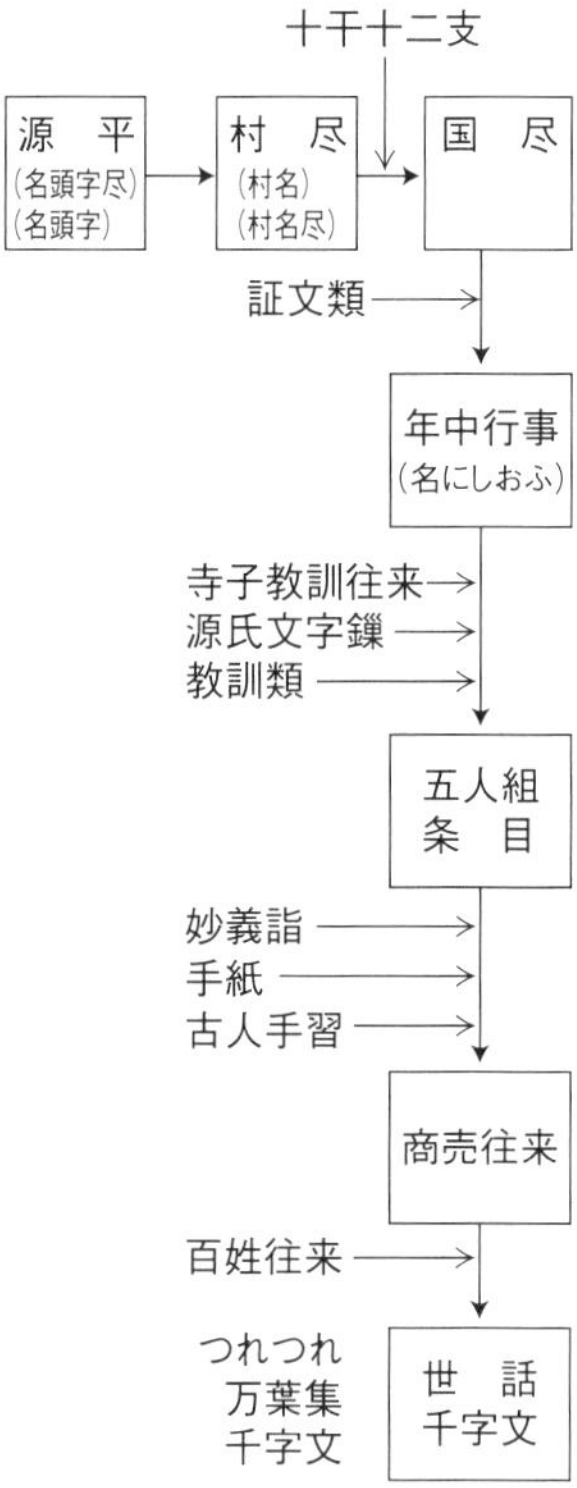


「弟子記」「次弟子記」より作成

左表の数字は学習した筆子の数。たとえば、源平なら64人中45人が学んだことになる。指導の全体像からは、おのずと一定のカリキュラムがつくられていたことが判明する。

## 実用の証文

師匠理兵衛が長男市造（四代伝次平）に与えた「諸証文手形鏡」がそれに当たる。

●往来手形

差上申《さしあげもうす》一札之事

一　　　　　　　女三人

右者《みぎは》西上州清水観音へ参詣ニ罷越申候処《まかりこしもうしそうろうところ》

御番所往来共無相違《そういなく》御通被遊可被下置《おとおしあそばされくだしおかるべく》候様奉願上候《ねがいあげたてまつりそうろう》、依而《よって》御手形如件《くだんのごとし》

天保十三壬寅　　　　勢多郡

十　月　　　　　　　原之郷

名主

何右衛門

大渡《おおわたり》

御番所

御役人衆中様

往来一札之事

上州勢多郡原之郷

百姓　何之助

右之者儀代々拙寺《せつじ》旦那《だんな》ニ紛無御座候《まぎれござなくそうろう》、然処今度《このたび》諸国神社仏閣拝礼ニ罷出申候、依之国々海陸
船渡場
御関所無相違《そういなく》被遊御通《おとおしあそばされ》可被下置《くだしおかるべく》候様《そうろうよう》奉願上候、順路之先々行暮候節《ゆきくれそうろうせつ》は、以御慈悲《おじひをもって》止宿《ししゅく》奉
願上候、若《もし》病死等仕候ハヽ、其御所之御作法通《そのおところのごさほうどおり》御取置可被下候、其節此方へ御届不及《おとどけおよばず》候、仍
而往来如件

年号月

上州勢多郡

天台宗円龍寺判

国々
御関所
御役人衆中
宿駅在々
御名主中

村の女性が三人連れで高崎在の清水観音にちょっと参詣しようというとき、藩の利根川向こうの大渡の番所で手形改めがあった。持参する近回りの往来手形の模範文例である。発行人の名主は、申し出があれば書いてやらねば面目が立たない。

後者の往来一札は、村を留守に長期の旅に持参するパスポートに似た身元証明書である。宗門改の旦那寺が発行した。第七章でくわしく述べる。

**●奉公人請状《うけじょう》**

奉公人請状之事

一、此能呂吉と申《もうす》男慥成者《たしかなるもの》ニ付、我等請人《うけにん》ニ罷成《まかりなり》、当寅《とら》ノ二月より来ル卯《う》ノ二月二日迄御給金五両弐分弐朱ニ相極《あいきめ》、貴公方へ御奉公ニ差出申処実正《さしだしもうすところじっしょう》ニ御座候、則御取替金《おとりかえきん》三両御渡被下《くだされ》慥ニ受取申候、残金之義は相勤《あいつとめ》候内、追々《おいおい》御渡可被下《くださるべく》候

一、御公儀様御法度之義者不及申《もうすにおよばず》、御家法相背申間敷候《ごかほうにあいそむきもうすまじくそうろう》、万一取逃《とりにげ》・欠落《かけおち》等仕候ハヽ、早速尋出シ、其品相改《そのしなあいあらため》貴殿御差図次第急度《きつと》埒明《らちあけ》可申候、若《もし》長病抔《など》ニ而《て》不奉公《ぶほうこう》仕候ハヽ、早速曳取《ひきとり》、是亦御給金相立《あいたて》候共、人代《ひとだい》差出シ候共、御下知ニ可任候

一、宗旨之義は天台宗龍蔵寺《りゅうぞうじ》旦那ニ紛《まぎれ》無御座候、寺請状取置申候間、御入用之節は差出シ可

申候、
右之外何様之義出来候共加判人引受貴公へ少も御難義相懸申間鋪《まじく》候、為後日依而証文《ごじつのためよってしょうもん》如
件
年号月日

蚕繁昌の国上州では、奉公人の雇傭はめずらしくなかった。雇傭契約は給金にはじまり、逃亡・長病などの不測の事態への対応、身元証明の旦那寺の寺請状と、きびしい契約事項をクリアしなければならず、当然保証人が必要であった。捺印すれば連帯して責任を負うことになった。つぎの借金証文・地所売買証文は、もっとも気をつけなければならない代物であった。

### ●借金証文

借用申一札之事
一、金五百両也
右之金子《きんす》慥《たしか》ニ請取借用申処実正ニ御座候、御返済之儀ハ何時《いつ》成共《なりとも》御入用之節急度《きっと》皆済《かいさい》可
致候、万一相滞候ハヽ、加判之者証文引請右極之通返済可申候、為後日仍而如件

年月日

借主　何右衛門

請人　何之輔

某殿

●地所売買証文

**売渡申地所之事**

一、上田壱町三反七畝拾弐歩

右之田地永々持来候得共《もちきたりそうらえども》此度金子百両ニ而貴殿方へ売渡申所実正明白也、右之地所ニ付差構申者一切無之候、若《もし》妨候者有之候ハヽ、請人之者罷出《まかりいで》急度埒明《らちあけ》可申候、為後日田地売券如件

実際の証文にくらべると簡略であるが、手習い用としては要は得ている。期限、それに連帯保証人の請人の署名捺印といった厳密な条件がつけられる。

## 村法「五人組帳前書き」

暴力による強制的支配から、未熟ながらも法令を介しての法にもとづく支配がおこなわれるようになった。江戸の平和では、どのようにして民に法治なるものを理解させたのか。支配の最前線にあったバリアが、「五人組帳前書き」であった。もっとも身近にあった法ともいえよう。

幕府は直接村の住民を掌握せずに、年貢諸役をはじめ村請《むらうけ》の形式で、名主を介して支配した。村で請け負う以上、強固な連帯責任をともなう組織が不可欠であった。かくして五人組は相互扶助・監視のためつくられた。

村役人は五人組帳を作成し、編成の変更の有無などを確認し、村の惣寄合で前書きに書かれた村人が守るべき箇条書きの村法を読み聞かせ、遵守《じゅんしゅ》するよう説いていたと考えられる。これを手習いのテキストに採用し、ひととおり読み書きが上達した筆子に書き与えた。そこでは書き写すことだけでなく、禁止され、守らねばならない村法の逐条解釈にまで及んでいたと思われる。

一一か条中から三か条を抽出する。

一、年々御年貢御割付之趣、小百姓ニ至迄《いたるまで》具《つぶさ》ニ承知仕、御定之《おさだめの》御日限《おんにちげん》無相違《そういなく》御皆済可仕事

付《つけた》り、仲間之内相滞事も有之候ハヽ、組合申合《もうしあわせ》急度訳相立《わけあいたて》可申事

年貢負担に関する五人組の役割である。

一、田畑譲渡仕候ハヽ、名主組頭五人組立合吟味仕、少も違乱之義《いらんのぎ》無之様《これなきよう》可仕事

田畑売買は、名主・組頭の村役人と五人組の了解さえ得れば容易であった。

一、博奕《はくえき》諸勝負之義別而御停止被仰出候趣《べつしてごちようじおおせいだされそうろうおもむき》常々相守組合相互ニ吟味可仕候、若《もし》相背候者御座候ハヽ、早速御訴可申上候事

付り、常々不行跡ニ而村之障《さわり》ニ相成候者有之候ハヽ、前々之通以入札可申上候事《いれふだをもってもうしあぐべきそうろうこと》

もっともきびしい条項は、博奕であった。五人組の監視を徹底し、博奕に手を染め、手がつけられなくなった「悪」は、五人組でも対応が困難になったであろう。「村之障ニ相成候者」は、入札の無記名投票で摘発、処断するというのである。

五人組帳前書きは、村で暮らす上で知っておくべき最低限の法規・規範であった。筆子に手習いさせ、衆知徹底しようとしたものであろう。

## 「百姓往来」より「商売往来」

上級クラスになると、いかに生計を立てるか、職業教育がはじまる。九十九庵では「百姓往来」ではなく、なんと「商売往来」が圧倒的に学ばれている。

凡《およそ》、商売持扱文字、員数・取遣之日記・証文・注文・請取・質入・算用帳・目録・仕切之覚也、先《まず》、両替之金子、大判・小判・壱歩《いちぶ》・弐朱《にしゅ》、金、位《くらい》・品多《しなおおし》、所謂、南鐐《なんりよう》上・銀子丁・豆板《まめいた》・灰吹《はいふき》等、考贋与本手《にせかねとほんてをかんがえ》、貫・目・分・厘《りん》・毛・払《ほつ》迄、以天秤《てんびん》、分銅無相違、割符《わりふ》可令売買《ばいばいせしむべき》也

商売入門テキストである。難解な漢字、専門用語がぎっしりと詰め込まれている。商いに不可欠な文字算用を記帳する諸帳面類、金銀銭の三貨の単位、両替、田畑を耕す農民とは別世界のイメージである。養蚕・生糸の取引で貨幣経済にどっぷりつかった上州の農村では、田畑を耕作する農業より、蚕・生糸相場の変動に関心が向けられていた。

## 村と手習塾

### 九十九庵の筆子

手習塾はどのように村に浸透していったのか。船津理兵衛が残した「弟子記」は、そこを明らかにしてくれる貴重な資料である。個別実証の世界に入るが、いま少し我慢してもらいたい。九十九庵《つくもあん》六四人の筆子《ふでこ》について、嘉永二年（一八四九）の人別帳に逐一当たり、本人・家族・所有田畑その他を突きとめる作業をした。結果、四七人（七三パーセント）四〇家が判明した。

まず、筆子と親の家の経済関係である。教育格差が問題となる昨今、手習塾で学んだ筆子は村内富裕層の子弟であったのか。

親が就学の義務を負う国民皆学の近代学校とはまったく異質な、親の意志で入門可否が決まる私教育の世界である。くわしく検討するため、嘉永二年の原之郷村全戸の所有田畑（一町までは一反ごと）、その他につきいわば階層が明らかになる村落構造に関する表を作成し、筆子の家を注入してみた（九五ページ）。

筆子は、所有田畑各層に広汎に分布しており、一町以上所有する者を富裕層とした場合、九戸、二三パーセントにすぎない。一反未満は皆無であるが、五反未満を中下層とすると、一〇戸で富裕層を上回る。もっとも多い九人は六反台の中農の自作農である。ちなみに船津家は、九反九畝二歩でかろうじて上層である。

九十九庵では、所有田畑・家産の有無によって筆子になれるか否かの決定的要因とはなっていない。経済的影響は無視はできないが、むしろ中下層の子どもに学ばせようとする教育熱によって、九十九庵は村内外に浸透していったと考えられる。

つぎに九十九庵はどのように筆子を獲得し、拡大していったのか。筆子六四人のひとり一人を追跡して、全体像にアプローチする。

「弟子記」の筆頭は、多重（太重）で、分家した理兵衛の兄嘉伝次の長男である。二代伝次平の初孫で、文政九年（一八二六）の盛大な誕生祝いについては前に触れた（五九ページ）。九十九庵は「新宅」の甥を自宅教場に迎えるところからはじまった。

三番目の船津武兵衛、四番目の富蔵は、文政一三年生まれで、親は郭輪の同族である。近くに住む、付き合いの濃いイッケの同族が、理兵衛に息子の手習いを托したことになる。両人から履修テキストが列記されるようになる。

## 原之郷村の村落構造と筆子

| | | 元禄2（1689） | 寛政4（1792） | 文化4（1807） | 文化12（1815） | 嘉永2（1849） | 慶応3（1867） |
|---|---|---|---|---|---|---|---|
| 保有反別 | 0～1 | 63 | 51 | 42 | 29 | 14 | 14 |
| | 1～2 | 37 | 28 | 33 | 30 | 22(2) | 26(2) |
| | 2～3 | 32 | 21 | 20 | 18 | 26(1) | 25 |
| | 3～4 | 33 | 29 | 28 | 20 | 19(3) | 22 |
| | 4～5 | 18 | 13 | 19 | 21 | 19(4) | 21(1) |
| | 5～6 | 21 | 17 | 21 | 17 | 21(2) | 20(2) |
| | 6～7 | 10 | 22 | 24 | 24 | 22(9) | 15(4) |
| | 7～8 | 8 | 13 | 11 | 15 | 12(3) | 15(2) |
| | 8～9 | 16 | 11 | 14 | 14 | 10(3) | 10(4) |
| | 9～10 | 9 | 8 | 7 | 7 | 12(4) | 12(4) |
| | 10～15 | 30 | 19 | 21 | 19 | 24(6) | 19(4) |
| | 15～20 | 4 | 9 | 8 | 10 | 7(2) | 12(1) |
| | 20～30 | 4 | 7 | 5 | 4 | 2 | 1(1) |
| | 30～ | 1 | 2 | 1 | 1 | 1(1) | |
| | 小計 | 286 | 250 | 250 | 233 | 211(40) | 212(25) |
| 労働人口 | 0 | | 7 | 10 | 9 | 17 | 24 |
| | 1 | | 25 | 37 | 37 | 35(1) | 27(2) |
| | 2 | | 75 | 80 | 72 | 64(12) | 54(5) |
| | 3 | | 73 | 74 | 71 | 44(9) | 48(5) |
| | 4 | | 44 | 34 | 33 | 33(11) | 49(11) |
| | 5 | | 20 | 14 | 8 | 16(7) | 5 |
| | 6 | | 4 | 1 | 2 | 1 | 4(1) |
| | 7 | | 1 | | 1 | 1 | 1(1) |
| | 8 | | 1 | | | | |
| | 小計 | | 250 | 250 | 233 | 211(40) | 212(25) |
| 馬 | 0 | | 129 | 116 | 98 | 119(13) | 122(5) |
| | 1 | | 120 | 133 | 134 | 92(27) | 90(20) |
| | 2 | | 1 | 1 | 1 | | |
| | 小計 | | 250 | 250 | 233 | 211(40) | 212(25) |

数字は家数。(　)は筆子の家数　　『近世村落生活文化史序説』より

筆子は各階層に広汎に分布している。入門の経緯が必ずしも経済的要因に左右されなかったことを示している。学びたい子どもは迎え入れられた。

武兵衛

名頭字尽

村名尽

国尽

五人組条目

借用証文

御関手形

富蔵

名頭字尽

村名尽

国尽

五人組之条目

借用証文

つれつれ

商売往来

二人ともに九十九庵の典型的教本の学習である。名頭字尽（源平）・村名・国尽・五人組条目の基本に、武兵衛は実用の借用証文・御関所手形、富蔵は借用証文につづいて文雅の香る「つれつれ（徒然草）」、一躍して商売往来に挑んでいる。

武兵衛は伝平の次男で、両家の初代が兄弟、分割相続したので家屋敷は南北に隣り合わせ、田畑一町弱を所持する。富蔵は佐五平の次男、所持田畑は四反三畝二一歩の小農である。五番目・六番目の品川伊三郎・織蔵は原東郭輪の品川イッケの隣家同士の、年齢も一歳違いの長男である。

竹馬の友といったところであろう。所持田畑も七反台、八反台の中農である。一〇番目の甥太重の弟伊八をのぞいた七番目から一三番目までの六人も東原から入塾しており、所持田畑二反台の一二番目、一町七反台の一一番目をのぞけば、六反から八反台の中農である。一四番目の高山兵輔は隣村川端村から通塾し、一五番目の小野澤伊兵衛は村内東原を隔てた遠方の原中からの入門である。

九十九庵の筆子は、近隣の親族にはじまって同族へ、隣接郭輪、遠隔郭輪そして他村へと広がっていったことがおぼろげながら判明した。こうした筆子獲得の仕方で筆子の入退塾が繰り返され、定着していったと推測できる。

九十九庵はどのように村内に浸透していったのかを、地理的に明示できないか苦心した。二〇年前になるが、各家の戸主が書かれた住宅地図をもって現状の原之郷を歩いてみると、不思議と江戸の原之郷村の家々の位置と変わっていなかった。

当主に江戸時代の世襲名を出してたずねると、家の先祖だと応じてくれ、墓地に案内されることもあった。

江戸時代から連綿と子孫の方々が家を守って永続させていたのである。住宅地図と江戸の村絵図の一部を照合し、現住する子孫の皆さんに面談して、原之郷村人別帳で突きとめた筆子四七人が属する四〇家中三三家（八三パーセント）を突きとめることに成功した。

師匠の集落原西に九家、川向こうの原東が一四家、原中一三家、岡が四家の分布である。

この筆子の分布から明らかになった読み書き算用の村内への浸透のヴィジュアルな実態こそが、江戸の平和がもたらした自力、自前の読み書き算用の教育力のサンプルといってよい。

## 師匠と筆子中

村に手習塾が誕生すると、村内に新しい人間関係を生みだす。家族・近隣・同族・親族などの旧来の関係のほかに、師匠・筆子の師弟関係が加わる。筆子は三世の契りを未来永劫にと、筆子中の仲間、いわば同窓組織を結成し、手習塾のみならず師匠の家の儀礼、家族の儀礼にまで参加し、紐帯《ちゆうたい》を強化していった。

九十九庵では、師匠の母の葬儀、屋根の葺《ふ》き替え、次男了太郎の葬儀、長男市造の結婚、初孫誕生、長女の婚礼にと、頼りになる存在に成長していった。

安政四年（一八五七）一二月五日、師匠が四八歳で急逝する。筆子中は病中見舞いに駆けつけ、葬礼には組織を挙げ存在感を表している。総数六四人のうち二人が死亡しているので、六二人中、五九名（九五パーセント）が香奠《こうでん》を寄せている。

**弟子覚**

一、金壱朱　　　　　　　　　　　武兵衛
一、同断　　　　　　　　　　　　富　蔵
一、同断　　　　　　　　　　　　由太郎
一、同断　　　　　　　　　　　　茂　市
一、同断　　　　　　　　　　　　昌　作
一、同断　外米三升　　　　　　　利　忠
一、同断　外センカウ五　　　　　友三郎
一、青銅四拾疋　　　　　　　　　加兵衛
〆八人
一、金壱朱　外米　　　　　　　　久兵衛
一、同　　　　　　　　　　　　　な　ほ
一、同　外米　　　田シマ　　　　茂兵衛
一、同　外米　　　　　　　　　　伊三郎
一、金壱朱　外行器《ほかい》　　　　　　織之介

一、同　外行器　重三良
一、同　林兵衛
一、同　外米　横室村　甚兵衛
一、同　外米　定五良
一、同　外米　忠兵衛
一、同　外弐百文行器代　吉兵衛
一、同　外弐百文同　金兵衛
一。同　外弐百文同　仙兵衛
一、同　外米　小兵衛
〆十四人
一、金弐朱也外米　佐造
一、壱朱也　外米　佐金次
一、同壱朱也外米　忠兵衛
一、同壱朱　外米　与市良
一、同　外米　与三良

〆五人

一、金弐朱　外米　武兵衛

一、金弐朱　外米　桂太郎

一、同壱朱　外米　長四郎

一、同断　外米　利兵衛

一、同断　外米　喜佐久

一、同断　外米　玉　吉

一、同断　外米　永　吉

〆七人

一、金弐朱　外米　嶺佐久

一、金弐朱　外米　伊兵衛

喜兵衛

一、金壱朱　外米　瀧　造

一、同壱朱　外米　辰次良

一、金壱朱　梅太郎

〆六人
一、金弐朱　外米　兵輔
冨三郎
一、同弐朱　外米　桂兵衛
貞輔
一、金壱朱　外米　要作
一、同　外米　由兵衛
一、同　外米　孫兵衛
一、同　外米　元三良
一、同　外米　春次良
〆九人
一、金弐朱　金蔵
一、金弐朱　弥兵衛
一、同　又三良
一、金壱朱　外米　藤兵衛

〆四人
〆五拾三人
外ニ新宅三人
田口伊八

かつて筆子であった筆子中の面々の香奠、悔やみを長々と列記したのは、師弟関係の濃密さをなにより示していると思うからである。おおよそ二〇年の九十九庵であったが、寄せられた香料は、総計五七朱(金三両二分一朱)、銭六〇〇文・青銅四〇疋《ひき》(一疋二五文で一貫文)、ほかに米・行器(重箱)である。三代伝次平(理兵衛)の葬儀の会葬者一一七名。筆子五九名は五〇・四パーセント、過半数を占めた。

## 筆子塚を建てる

文久元年(一八六一)三月五日、追善法事が営まれた。五七名の筆子が金一分三朱と青銅六六〇疋・六〇〇銅を持参した。筆子中の追悼の念はこれで終わらなかった。過去・現在・未来の三世の契りを永久に記憶するため、師匠の顕彰碑「筆子塚」を建立した。俳人午麦《ごばく》の師であった俳諧結社蓼園社《たでぞのしゃ》主藍沢無満《あいざわむまん》は筆子中に依頼され、追悼の一文が刻まれた。

此いしふみや、白庵《つくもあん》のあるし、年頃玩ひける文手《ふで》を瘞《うず》め、またすさみけるかた歌をしるして、世のかたみとせはやと、あまたのをしへ子たち真こゝろの力を合せて、かくはものしけることになむ、されは師のいつくしみと弟子のつかうまつるとまたまた備りてのちの世までも、いますかことく三世のちぎりもむなしからさる

八十六老居士　無満識

「あまたのをしへ子」筆子中は、師匠白（百に一欠けて九十九）庵の主、船津午麦の日ごろ愛用した筆を埋め、「三世のちぎり」を空しくしないため「此いしふみ」を建てたのである。正面に師匠の辞世の一句を彫り刻んだ。

をりおしむ　こゝろのさきを　華雪吹

## 桐生新町手習塾松声堂の筆子吉田元次郎

吉田元次郎は、天保七年（一八三六）初午二月六日、九歳で田村梶子《たむらかじこ》の手習塾松声堂《しょうせいどう》に登山した。師匠田村梶子が渡した自筆折手本《おりでほん》冒頭から明らかになる。

天保七年
　二月六日初
い　ろ　は
に　ほ　へ
と

元次郎の折手本九本が残されており、松声堂での読み書きの実態が浮かび上がってくる。

①いろは　半紙に七字切り（最後は五字）七枚、七段階でマスターさせている。
②近道子宝《ちかみちこだから》　東西南北、一年一二か月の四季、十干十二支、衣食住など仮名から漢字へ
③源平
④国尽

⑤妙義詣（抄）　江戸から上州妙義山神社参詣の案内書
⑥商売往来
⑦古今集（抄）

真新しいのは「近道子宝」「妙義詣」「古今集」である。「近道子宝」は、既成の往来本（正徳三年、平井自休編）、「妙義詣」は高井哂我の「上州妙義詣」（寛政六年、江戸の書肆《しょし》花屋久次郎から出版）からの抜粋である。「古今集」も巻第一の春歌上の四九番から六〇番の一二首が、変体仮名を多用した文雅趣味豊かに書かれている。

師匠田村梶子は既成のテキストを筆子元次郎の将来にこたえるように選択し、手本とするさい、大胆に取捨している。

織屋を継ぐ元次郎の手習いの眼目は「商売往来」であったろう。それに国学を志す父清助の意を汲んで「古今集」の和歌を手ほどきして、松声堂は下山となった。

師匠田村梶子は桐生在東久方村の絹買次商の田村家に生まれ、地方文化が勃興するなか才媛を唱われ、一七歳の享和元年（一八〇一）、取引先の江戸大奥御用の大店の推挙を受けて江戸城大奥に出仕、祐筆《ゆうひつ》を務めた。

文化一二年（一八一五）、桐生の実家が経営不振になったため帰省し、婿を取って家業を立て直した。かたわら桐生の父母の要望にこたえ、自宅に手習塾松声堂を開いて子女を迎え入れた。吉田清助とも親しく、江戸在住の国学者橘 守 部《たちばなのもりべ》の門人であった。

## 乱塾の大江戸――手習塾の番付

大坂夏の陣が終わって二〇〇年、人口百万の巨大都市に膨張した江戸の後継者育成の教育熱は沸騰状態にたっしていた。戯作者式亭三馬《しきていさんば》（一七七六～一八二二）は、文化六年（一八〇九）、大江戸の平和を満喫する市井の民の暮らしぶりを、江戸っ子が日参して群れる銭湯に取材して洒《しや》落本《れぼん》『浮世風呂』に仕立てて刊行した。三馬は銭湯に出没して、世間話を盗み聴きしてはメモしていたのであろう。

正月のとある日、湯上がりの二人連れの娘っ子のボヤキである（青木美智男『深読み浮世風呂』）。目のまわるような小娘の稽古、稽古の学習漬けの一日である。

まあお聴《きき》な。朝むつくり起《おき》ると手習のお師《し》さんへ行てお座を出して来て、夫《それ》から三味線のお師さんの所へ朝稽古にまゐつてね、内へ帰つて朝飯《あさまんま》をたべて踊の稽古からお手習へ廻つて、お八ツに下ツてから湯へ行て参ると、直にお琴のお師匠さんへ行て、夫から帰つて三味線や

踊のおさらひさ（後略）

まあ聴いてよ、私って、朝起きるや手習塾のお師匠さんとこへ行って自分用の机を並べ、その足で三味線のお師匠さんの所で朝稽古、家に帰って朝飯を食べて、踊りの稽古、そして手習塾にまわってお勉強を済ませ、お八つ（午後二〜三時の間食）頂戴して銭湯に行って、ひと息ついたら、すぐに琴のお師匠さんのところで稽古、ようやく家に帰っても三味線と琴のおさらいが待っているのよ。

稽古に追いまくられる毎日である。そこには駄目亭主に愛想をつかし、娘だけには自活の手立てをと、手習い・三味線・琴のスキルを身につけさせようと踏ん張る教育ママが控えていた。長屋住まいの子女までが、大手を振って手習塾に通塾する御時世であった。

母親にガミガミ急《せ》きたてられ、塾を掛け持ちし、サッカー・野球・水泳教室にもかよう現代っ子を彷彿させる光景である。近代公教育の意義が忘れられ、なにかと将来優位な私学へと、子どもへの先行投資を惜しまない現代教育事情がダブってくる。

教育爆発をものがたる恰好の実物資料がある。やや下るが、天保一五年（一八四四）の手習塾の番付である。（左ページの写真）

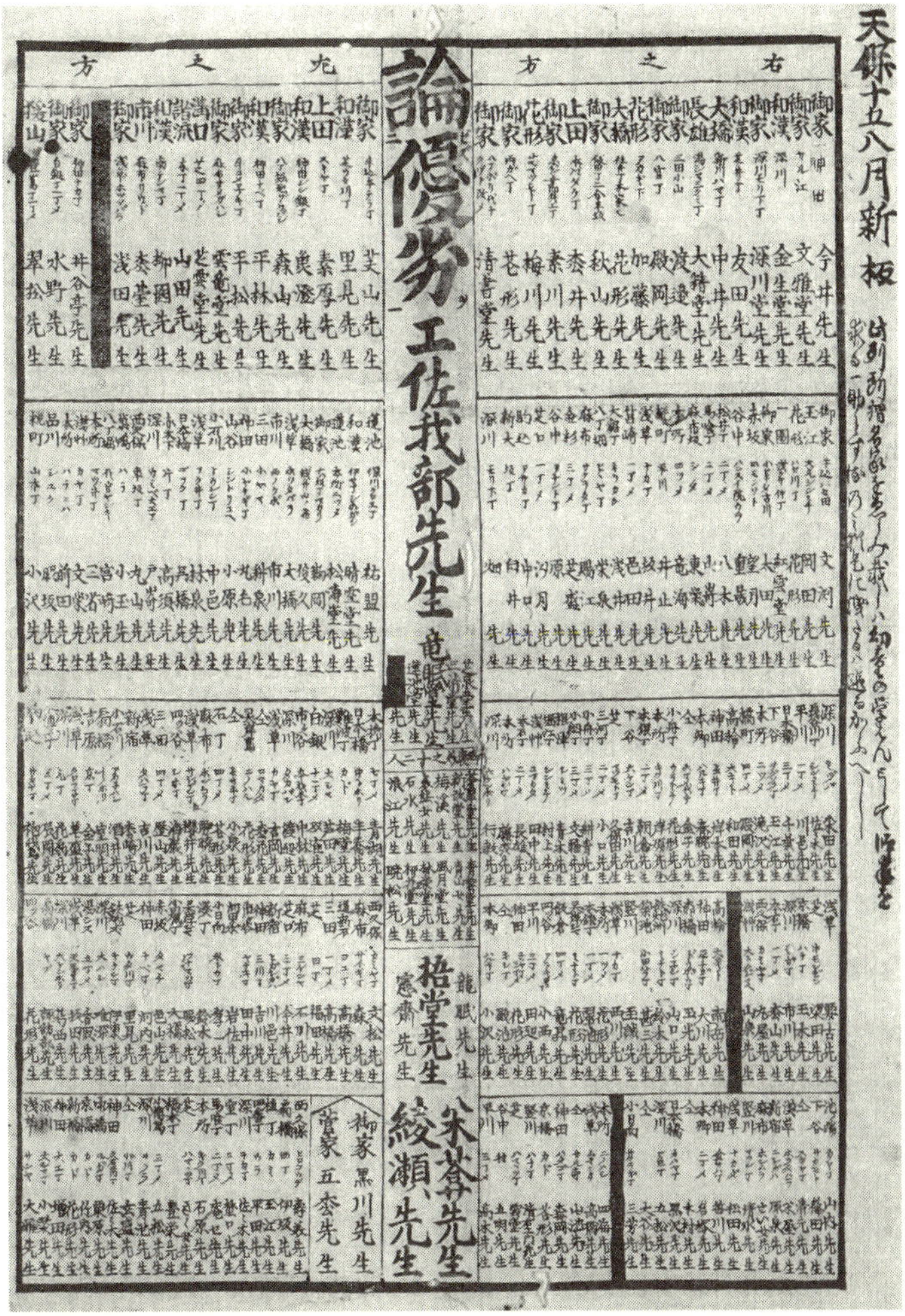


**手習塾番付**　241の各種手習塾が紹介されている。江戸では親の教育熱は沸騰し、塾を選ぶ乱塾のピークを迎えていた。

「優劣ヲ論ゼズ」と大書され、二四一の手習塾が所狭しとひしめいている。板元はかく主旨を述べる。

此列所謂《いわゆる》名家をゑらみ載《のせ》しハ、幼童の学はんとして師匠を求る一助とするのミ。猶是《なおこれ》に洩《もれ》たるハ追而加ふへし。

手習塾番付は、江戸市中の子女の師匠選びのため大量に刷られたのである。これに洩れた手習塾はつぎに板行すると追記している。まだまだ掲載できなかった手習塾があることになる。編者は市中のカミさん連中の評判を銭湯なんぞで耳にいれ、上段から下段へと序列をつけたのであろうか。塾の宣伝ともなるので広告料をもらっていたかも知れない。まさに乱塾の大江戸であった。

# 第三章

# 拝領と献上——贈答・互酬の社会

## 由緒の幕藩制秩序

### 拝領と献上――支配の柔構造

江戸の武家社会というと、幕府の大名統制が真っ先に浮かんでくる。妻子を人質に国元・江戸の二重経済生活を強いる参勤交代、本来公儀がおこなうべき河川の治水や寺社造営修補の御普請《ふしん》、朝幕間の諸儀礼などを御手伝いと称して負担させたいわゆる大名統制である。抗《あらが》えば、取り潰す改易《かいえき》、領知を削る減封《げんぽう》、領知を移す転封《てんぽう》という伝家の宝刀が、大名を震え上がらせたといわれる。

ところで、叙上の見方はいささか一方的にすぎないか。武力を背景にした専制の強権支配だけでは、二世紀半もの江戸の平和は持ちこたえられない。一見権力ずくの硬構造にみえる幕藩体制には、じつは巧みにソフトな柔構造の支配が埋め込まれていた。

徳川幕府の支配秩序は、神祖徳川家康の家臣団の編成からはじまったといっても過言ではあるまい。家康と家臣の主従関係を明らかにする物的証拠は、領知目録や感状のような文書もあったが、刀剣甲冑《かっちゅう》などの武具の類の下賜《かし》も無視できない。まれに家康愛蔵品を下賜することもあった。

家康から拝領したという事実は、江戸の平和がつづく限り家の由緒となり、拝領の品はその証拠として家宝となった。拝領という この上なき名誉に、家臣は献上をもってこたえるのが通例である。主従のソフトな関係は、拝領と献上という一対の儀礼であったともいえよう。

家康と直臣から始まった拝領・献上の関係は、家康亡きあと歴代将軍に引き継がれ、江戸の平和の成立・確立のなか大名間にも拡大・敷延《ふえん》し、幕藩制支配秩序を貫く儀礼となって制度化していく。大名家・旗本の武家社会のみならず民間にも普及し、一大互酬《ごしゅう》・贈答社会をつくりあげていった。換言するなら、江戸の平和は、戦《いくさ》の手柄を誇る戦国乱世と大違いの拝領・献上でつながる、由緒を競い合うじつにソフトな儀礼社会であったといえる。

諸大名はもとより、その陪臣や旗本にとって、由緒の品が盗まれでもしたらそれこそ御家の一大事となる。巷《ちまた》の噂話の御家騒動となれば、その発端は家宝の故意の紛失と相場が決まっていた。江戸の娯楽といえば歌舞伎である。御家の重宝盗難に発した騒動をモチーフにした出し物が大当たりをとる平和な江戸であった。

## 歌舞伎『助六所縁江戸桜』と「友切丸」

市川宗家七代団十郎がお家芸として打ち出した「歌舞伎十八番」中いちばんの大曲でもっとも人気を博したのが、「助六《すけろく》」こと『助六所縁江戸桜《すけろくゆかりのえどざくら》』である。江戸の遊里吉原を舞台に、全盛の花魁《おいらん》揚巻《あげまき》をめぐって間夫《まぶ》の侠客助六と客のお大尽意休《いきゆう》が繰りひろげる喧嘩と色恋沙汰の荒唐無稽な江戸祝祭劇ともいうべき、大がかりな芝居であった。もちろん御上をはばかり、時代は鎌倉である。もっとも、ストーリーの骨の部分は、江戸吉例の曽我兄弟の仇討ちと御家騒動が綯《な》い交《ま》ぜになっている（『歌舞伎十八番集』）。

キーワードのひとつは、源為義《ためよし》由来の宝刀「友切丸」である。喧嘩三昧の助六は、諫《いさ》める母に本心を漏らす（郡司正勝校注『歌舞伎十八番集』）。「母人さま、この時致《ときむね》（助六）が喧嘩、さだめて不所存者ともおぼしめしませうが、全くもって左様ではござりませぬ。当春箱根に於て、友切丸の紛失。それゆゑ養父祐信《すけのぶ》殿の御難儀、あなたの御難儀を見捨ては敵もうたれず、何卒して友切丸を詮議のためと、この廓へ入込、喧嘩をしかけ、刀をぬかねばならぬ様に、無理難題のあくたいつくも、これ皆友切丸せんぎのため」。

助六、じつは曽我五郎時致は、義父祐信が盗まれた源家の重宝「友切丸」を取り戻すため、身を侠客助六にやつして吉原に入り込み、花魁揚巻の間夫となって、揚巻に言い寄る客意休、じつは平氏再興をはかる盗賊伊賀の平内左衛門の帯刀（友切丸）を詮議しようと喧嘩を売っていたのである。助六は揚巻の助力を得て、これまでかと意休を挑発する。

かくして助六の正体を知った意休は、父の仇も討てないのかと不甲斐なさをののしり、源家を裏切り己に味方するならば敵工藤祐経《くどうすけつね》はもとより源家棟梁頼朝まで討伐しようと本性をあらわし、ついに鼎《かなえ》の香炉台を真っ二つに切って三人兄弟が力を合わせ、翻心するよう説得する。瞬時に助六は、この目でしかと友切丸と見定め、意休から重宝友切丸を奪い返し、大団円となる。

『助六所縁江戸桜』は、もっとも愛好された江戸歌舞伎の華ともいうべき演目であった。その底流には、御家の拝領の重宝が盗まれ、御家騒動に発展するというゴシップ大好きの人びとがいた。また、拝領の品々が、武家にとって欠くべからざる由緒となって家永続の担保となったという江戸の平和を一面で象徴する、だれもが納得する歌舞伎十八番であった。

もうひとつ御家の重宝盗難がモチーフになった歌舞伎狂言は『五大力恋緘《ごだいりきこいのふうじめ》』である。外題《げだい》からは色恋一色の世話物に見えるが、骨格は家宝盗難に端を発する御家物である。時代は鎌倉、九州千島家（島津）の重宝「竜虎の呼子」（竜虎の銘がつけられた人を呼ぶ笛）の紛失とその探索詮議がからむ御家騒動が伏線となっている。

## 由緒のピラミッド支配体系

江戸の平和に君臨した神祖家康は、三河の一土豪松平氏から身を起こし、徳川家康と名乗って戦国大名に成長し、ついには天下を統一、江戸に徳川幕府を樹立した。徳川幕藩体制の支配組織、家臣団編成は、神祖家康に連なる個人的御恩・奉公、拝領・献上の主従関係から積み上げられていった。庄屋仕立てといわれる、ふさわしい家臣団編成である。

三河にはじまり、東海・関東そして全国へと徳川家康の支配領域が拡大・膨張するに合わせ、家臣団も増大、複雑になっていった。当然そこには家臣団編成を統制する秩序が不可欠となり、家康への貢献度、親疎の由緒が序列化のバロメーターとなった。徳川幕藩体制は神祖家康を頂点にした由緒のピラミッド型の組織体制であったとも考えられる。いわば由緒がものをいう平和の時代が訪れたのである。

大名・旗本をはじめ武家にとって、由緒を確保するため系譜書を作成することが急務となり、なかには簒奪《さんだつ》・捏造《ねつぞう》する者があらわれても不思議ではなかった。幕府にとっても、徳川家との由緒の真偽を判定し信憑性を確認して秩序化する必要があった。

寛永年間（一六二四〜四四）、直臣となる大名・旗本から系図・家譜を提出させ、林羅山《らざん》・鵞《が》峯《ほう》が判定し、『寛永諸家系図伝』に編修した。その後も由緒への関心は高く、補筆・改訂の要望をうけて、半世紀も経った寛政年間（一七八九〜一八〇一）、林述斎《じゅっさい》指導のもと大がかりな編修事業がおこなわれ、文化九年（一八一二）、『寛政重修諸家譜』が完成した。幕府は公認の由緒の家譜をいちおう提示したことになる。

## 犬山城主成瀬家の拝領と献上

### 犬山城主成瀬家

由緒正しき譜代名門の事例を紹介したい。親藩御三家尾張藩付《つけ》家老にして犬山城主を世襲した成瀬家である（犬山城白帝文庫歴史文化館展示図録『拝領と献上』）。成瀬氏の先祖は、京都の二条関白良基《よしもと》の流れをくむ公家であったが、零落して三河国賀茂郡足助《あすけ》庄に漂着・居住したといわれる。松平郷を基盤に勢力を拡大する土豪松平氏の家康祖父清康・父広忠・家康の三代に近侍し、たびたびの合戦に従軍、討ち死にする者を出すなど忠勤を励んでいる。

初代成瀬正成《まさなり》（一五六七〜一六二五）は、幼少より小姓《こしょう》として家康の側近くに仕え、小牧《こまき》・長《なが》久手《くて》の戦いや小田原征伐・関ヶ原の戦いに供奉《ぐぶ》し、軍功を挙げては、家康から褒美の脇差《わきざし》などを拝領している。

犬山城との縁は、慶長一二年（一六〇七）、家康九男義直の傅《ふ》を命ぜられ、以後義直に付属、尾張藩付家老となって藩政に関与、元和三年（一六一七）、尾張犬山城・地を二代将軍秀忠から拝領、三万石を与えられたことにはじまる。

成瀬家には、家康・秀忠の直臣《じきしん》であったという徳川将軍家の譜代の家臣という側面と、御三家尾張藩徳川家の付属家老である陪臣の二側面があった。

## 家康・秀忠からの拝領

草創期の拝領は、幼少期から身辺近く仕える直臣に対しては、じつに親愛の情がこもった贈り物の拝領であった。初代が小吉といったころの由緒のエピソードがある（松田之利「特別展『犬山城拝領三九〇年―拝領と献上』開催によせて」）。

駿府《すんぷ》の御城修営のとき梁《はり》の上にて下知《げち》したまひしを、（家康が）御覧したまひて隼人《はやと》（小吉）が下帯《したおび》せさるはあれとらせよと宣《のたま》ひしかは、やかて御納戸《なんど》より紬茜染《つむぎあかねぞめ》の二つ割を二筋たまはりしを、今に持伝へて彼家にありとなり。

駿府城の築城工事、梁の上に登って人夫を大声あげて叱咤《しった》する成瀬小吉を、巡回見分中の家康が見上げたところ、小吉は下帯（褌）もしていないので一物が丸見えであった。家康は奉公に身が入って褌まで手が廻らないのかと、下帯を与えるよう侍臣に命じた。早速御納戸から茜色に染

## 成瀬家に伝わる拝領品

| | 年 | 拝領品 | 備　　考 |
|---|---|---|---|
| 1 | 天正12(1584) | 御鑓 | 家康勢州へ巡駕の時御使を勤める |
| 2 | 同　上 | 御脇指 | 小牧・長久手合戦の功 |
| 3 | 不　明 | 御陣笠 | 唐人笠黒　羅紗白熊の引き回し |
| 4 | 同　上 | 御刀 | 左文字 |
| 5 | 同　上 | 御脇指 | 青江 |
| 6 | 同　上 | 御脇指 | 国広 |
| 7 | 同　上 | 御茶碗 | 高麗 |
| 8 | 同　上 | 御香炉 | 青磁 |
| 9 | 同　上 | 香合 | 堆朱 |
| 10 | 同　上 | 御壺 | タカラ寺 |
| 11 | 同　上 | 鞍作 | 黒漆箏琴柱文蒔絵 |
| 12 | 同　上 | 鞍作 | 黒漆酢漿草紋蒔絵 |
| 13 | 同　上 | 薬上包紙 | 「カンヲウエン」と云う薬 |

成瀬家が由緒を誇る神君徳川家康手ずからの拝領の家宝である。武具が多いが、茶碗・壺・香炉など、武将のたしなみ、茶の湯に関する名物が注目される。

めた紬の下帯二筋が届けられた。若年の小吉には赤褌がふさわしい。小姓であったころからかわいがった小吉への愛情のこもったプレゼントであった。おそらく小吉はこれを代わる代わる着用したであろうが、たとえ褌であろうが、神祖東照神君からの拝領品で主従の恩愛をものがたる家宝である。秘宝として謹んで蔵深く保存し、由緒の証《あかし》としたという。

成瀬家に伝来する、もっとも由緒正しき家康からの拝領を上に列挙してみた。

武具が鑓《やり》一、刀一、脇指三、鞍二、陣笠一の八点、他は茶碗・香炉・香合・壺各一の計一三点であった。武具や茶道具類は、家康が拝領として正成に与えた通

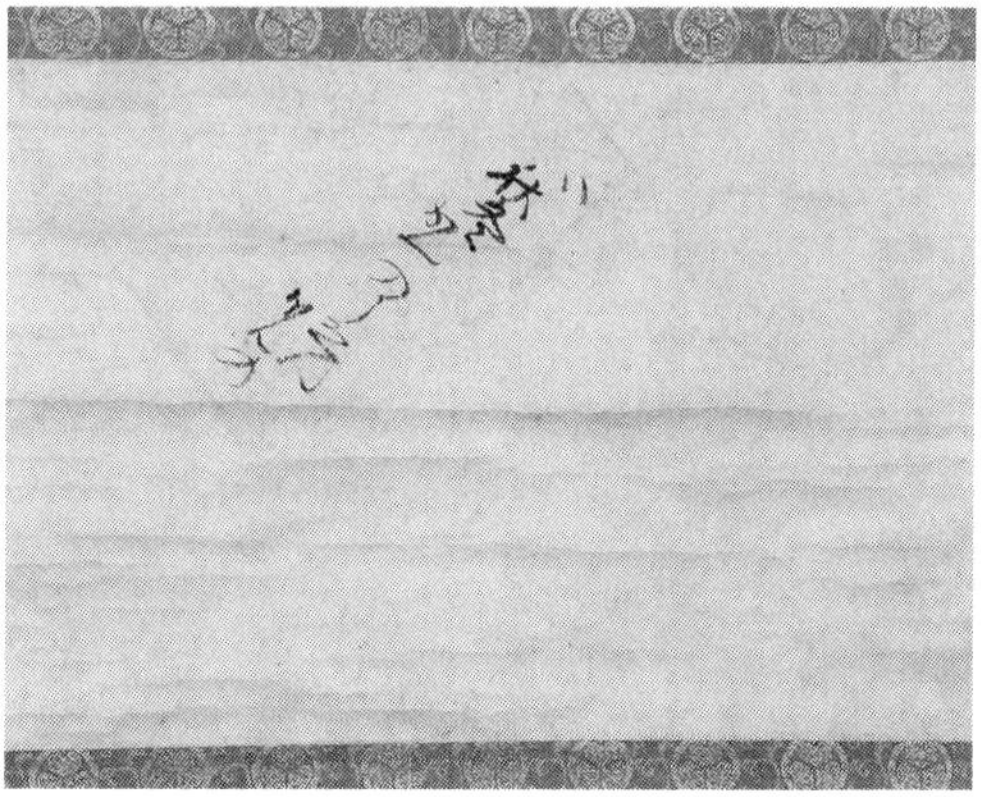

**神君拝領の薬包み紙**　たとえ服用済みの漢方薬の包み紙でも、そこに家康直筆があれば、由緒の拝領品となる。軸に仕立てて由緒の家宝とした。

例の品々であるが、13の、家康から賜った薬の包み紙は異様である。

家康直筆で「秋冬かんのうえんほんの」と上書されていることが、なによりの拝領の証拠となる。家康は漢方薬にくわしく、みずから調薬したといわれる。正成病篤と聞き、見舞いに訪れ、手ずから薬を下賜したのであろう。

薬は服用してなくなったが、家康直筆のメモが書かれた包紙が残った。これは御家の重宝と一幅の軸に仕立て、由緒の名品としたのである。ところで、かの茜染紬の二つ割の下帯二筋の拝領品は成瀬家の公式記録にはみえない。由緒の宝物と記録するにははばかりがあったのであろう。逸話として伝承する方策がとられたのであろうか。

家康没後から九年の寛永二年（一六二五）正月一七日、正成は江戸で没するが、義直は名古屋城下に一寺白林寺《はくりんじ》を建立して菩提を弔った。死後、義直から一寺を拝領したことになる。

## 成瀬家名物の献上

草創期の献上は、後年の定例とは異なり、不時の主に対し恩愛のこもった個性的な色合いが濃い。拝領には、伝来の家宝・名物と認知された品を献上してこたえねばならない。献上に供された所蔵の逸品は左記の四点である。1から3は茶道具のうち茶人にとって垂涎《すいえん》の名物と認定されている。

1　唐物茶入驢蹄《ろてい》
2　小倉色紙「わすらる丶」藤原定家
3　無準師範《ぶじゅんしばん》画賛「達磨《だるま》図・政黄牛図・郁山主図」三幅対　東山殿御物御掛絵
4　溜塗四方盆（松の木盆）

1の茶入は抹茶をいれておく器で、茶道具のなかでも重要な位置を占める。戦国乱世では茶入の名品は一国にも価するといわれた。「驢蹄」の名称は、口のつくりが驢馬《ろば》の蹄《ひづめ》を逆さにした形に似ているところから名づけられたという。

驢蹄は、初代正成の次男之成《ゆきなり》（成瀬別家一万六千石）から、おそらく家督相続の際に三代将軍家光に献上された。家光は三日間手元に留め、じっくり楽しんだあと、嗣子之虎《ゆきとら》に家宝とするよう返却したといわれる。之虎が若くして亡くなり、家が絶えたため、本家の持ち物になって、いまに伝来している。

2の藤原定家直筆の百人一首三八番（藤原季縄《すえただ》の娘）右近の色紙は、遠祖二条良基に連なる名物とも推測できる。

わすらるゝ身をは　おもはすちかひてし　ひとのいのちの　おしくもあるかな

初代正成の遺品として、二代正虎から三代将軍家光に献上されたと考えられる。

3の牧渓《もっけい》自画自賛とされる三幅対と4の松の木盆は、寛文三年（一六六三）、名古屋で没した正虎の遺品として尾張光友に献上され、徳川美術館に現存する。

## 拝領・献上の定例化

家康・秀忠・家光と正成・正虎の主従の息づかいまで伝わってくる草創期が終わり、拝領・献上は儀礼となって定式化していった。成瀬家では、宝永四年（一七〇七）が例年献上の画期とされる（松田之利『『国字伝』を読む―成瀬氏の例年献上開始の経緯とその意味―』）。成瀬家がこだわったのは、尾張藩付家老のみか、譜代大名でもあるのか、のジレンマであった。草創期に勝ち得た由緒を確かなものにし、譜代大名の格式を守らねばならない。

凡《およそ》江戸ニ御吉凶ノ事有トキハ吉事ニ物ヲ献シ、凶事ニ御香典ヲ献シ、御中陰《ちゅういん》ニ御精進物ヲ献シ、御不例ノ時御祈禱料ヲ社僧ヘ相納ル事、其例御譜代大名ノ式ノ如《ごと》シ

成瀬家は、譜代大名の献上の礼式を遵守することを胆《きも》に銘じたのである。当然参勤交代にともなう拝領・献上の儀礼が恒常的にあった。尾張藩付家老成瀬家にとって、江戸の将軍との拝領・献上の儀礼を欠礼することになったら、譜代大名並の家格を失うとんでもない事態になりかねない。献上を儀礼として定式化することを念頭に、あらたに献上の年月日・相手・献上物を記録に留めておく『献上留』の作成が図られたのである。

その期待をになったのが産物献上であった。犬山城主ならではの珍品の献上で歓心を買おうという狙いがあった。宝永二年（一七〇五）からはじまる『献上留』によれば、暑中見舞の「岩茸《いわたけ》」、寒中見舞いの「忍冬酒《にんどうしゅ》（すいかずらの花を乾燥させ醸造した薬用酒）」、歳暮の「粕漬鮎《かすづけあゆ》」であっ

た。成瀬家の献上を詳細に分析した篠田寿夫は、定例化への力の入れ方について、つぎのように述べている（「献上帳からみた付家老」）。

産物献上は老中稲葉丹後守の仲介によって実現した。成瀬氏の江戸留守居が丹後守の家臣の斎院分蔵に渡りを付け、同人から主人を動かせたようである。産物献上の手続きは、前日に御用番老中を訪問して差図を仰ぎ、翌朝使いの者が献上品を持って登城し、坊主衆に目録を渡して奏者番《そうじゃばん》に取り次いでもらうので、朝献上ともいう。始めしばらくは稲葉氏をまず訪問し、御用番に伺うようにとの指示を受け、御用番の差図を受けるとまた稲葉氏にその旨を報告するという手順を踏んでいる。後の範例にするため、献上物の荷姿・使いの服装・城内の通路とそこに詰めている役人、さらに事後の付け届けに至るまで事細かに記録している。その付け届けであるが例えば宝永二年の寒中見舞いの場合、献上のお残りという名目で二升入りを一三人へ、一升五合入りを二四人へ、一升入りを一八人に届けた。献上品ともに忍冬酒九斗になる。宝永三年の暑中見舞いの場合は、岩茸一斗入りを三五人へ、七升入りを八〇人へ、合計一一五人で献上品を含めれば九石四斗を要した。

まさに涙ぐましい、成瀬家あげての一大事業である。一子相伝の銘酒忍冬酒、深山幽谷のけわしい岩面にしか生じない希少品岩茸を確保するだけでも莫大な労力と費用がかかる。

さらに幕閣への働きかけにも膨大な出費を覚悟しなければならない。老中稲葉丹後守用人から手を入れ、口利きの当の老中稲葉丹後守、御用番老中、坊主衆、奏者番、献上品の行く先々の詰め所の役人、それぞれの身分の高下に応じ、献上の品を贈るのが慣例であった。忍冬酒五五人九斗、岩茸一一五人九石四斗は、犬山城主の台所を揺るがしかねない出費であろう。これは現物の贈与である。

記録に留めるのをはばかった金銭の贈与があったと考えるのが、江戸の平和の真実に近い。おそらく千両箱単位の金が動いているとみて間違いあるまい。小判の詰まった菓子折が頻繁に往来したということであろう。江戸留守居の腕の見せどころでもあった。

しかしこのように大がかりな献上をつづけることは、成瀬家財政の破綻を生じかねない。天明八年（一七八八）、忍冬酒が干瓢《かんぴょう》に、文化一二年（一八一五）、岩茸が椎茸に引き替えることが認められた。粕漬鮎のみが、国産献上の名誉を守った。

おそらく諸大名においても大なり小なり、献上の定例化にそくした動きが顕著であったと思われる。この動向は、江戸の隠れたベストセラー『武鑑《ぶかん》』の充実となって充足されていく。

## 『武鑑』からみた成瀬家の拝領と献上

江戸の平和とはいえ、三百近い大名、五千有余を数える旗本は、世襲にあぐらをかいて無事安泰であったわけではない。嗣子なくして断絶、不祥事あって改易《かいえき》・減封《げんぽう》・所替《ところがえ》、逆に立身出世の成り上がり・増封などがあり、それなりに栄枯盛衰の波に見舞われていた。人事の転変、異動の情報を知る手がかりは大名・旗本自体も欲しており、民間にあっても支配層の動向は生業の上からも手に入れたかった。そして誕生したのが『武鑑』である。

寛永年間、京都の書肆《しょし》から出された一〇万石以上の当主名・家紋・知行高を一覧した御紋尽くしスタイルが嚆矢《こうし》とされる。寛文～天和《てんな》期に、江戸でも「江戸鑑」の名称で出版されるにいたったが、大名・旗本の事典『武鑑』に充実するのは、成瀬家が『献上留』を作成した宝永年間である。

注目すべきは、参勤交代の期日・拝領品名・献上品名、時献上の時期と品名の項目があらたに設けられたことである。由緒も家格を競う大名家はさることながら、人口百万の巨大都市江戸の町人にとっても、莫大な費用が投ぜられる拝領・献上は見逃しがたい商機でもあった。尾張藩付家老三万石の成瀬家の献上ひとつを取り上げても、莫大な金品と雇用を産んでおり、その経済効果は計り知れないものがあった。

成瀬家の拝領・献上を、弘化五年（一八四八）の『武鑑』からのぞいてみよう。参勤交代時の参府・御暇の献上と拝領である。

献上　巻物五、御太刀　銀馬代　子寅辰午申戌　九月参府
拝領　巻物五　　　　　　　　　丑卯巳未酉亥　九月御暇
尾張様御附ニ而御暇之節拝領銀二十枚巻物五御馬一匹

参勤交代は隔年の九月、参府に際しては巻物（軸に巻いた絹布）・太刀・銀馬代（生き馬を進献する代わりに銀をもってする）を献上し、国元に戻る際の御暇には巻物を拝領する。譜代大名格の儀礼である。これに本務である付家老としての拝領があった。尾張藩主の御暇に筆頭老中として付き添い、銀二〇枚・巻物五・御馬一匹を拝領した。定例の献上はつぎのごとくである。

年始八朔《はっさく》　御太刀　銀馬代　歳暮　粕漬鮎
時献上　暑中　椎茸　在着御礼　一種　寒中　干瓢

年始・八朔（家康関東打ち入り八月朔日の祝日）に太刀と銀馬代、歳暮には粕漬鮎、暑中見舞

いは椎茸、寒中見舞いには干瓢、それに江戸発着に御礼一種を献上している。宝永年間からの献上にくらべてずいぶん簡素化した品揃えであるが、それでも恒常的支出は相当な負担であったろう。舞台裏では、献上品を扱う役人と調達を請け負う御用商人が暗躍する構図が浮かんでくる。

## 尾張徳川家の拝領と献上

「八の武鑑」といわれる八冊本の『武鑑』から、御三家筆頭の拝領・献上の全貌が明らかになる(藤實久美子『江戸の武家名鑑』)。

当主は一橋家から入った将軍家斉《いえなり》の甥の一〇代斉朝《なりとも》(在位一八〇〇〜二七)である。冒頭の巻首を飾る尾張徳川家の全体を紹介するには多量多彩でむずかしい。

参府の献上が銀五〇枚、巻物二〇、別に西の丸へ銀五〇枚。御暇には御鷹・御馬を拝領している。年中定式の御上物は、正月三日の御盃台にはじまり一二月の宮重大根《みやしげだいこん》ほかまで二一種、選択肢を含めれば三〇有余を数える。御鷹拝領の御礼に「御捉之鶴」を、「国許《くにもと》江之御使之御礼」に答え「御領内立之駒(馬)」を献上している。これに準じて西の丸へも献上を行っている。付家老成瀬隼人正《なるせはやとのしょう》家とはくらべものにならない豪華さである。

御三家付家老、尾張成瀬・竹腰、紀伊安藤・水野、水戸中山の五家は、連携して譜代大名同列の家格を獲得しようと幕閣への働きかけに努めた。『武鑑』をめぐる版元の出雲寺・須原屋《すはらや》に官許の幕府がからんで長期にわたる訴訟の論点のひとつに、付家老の掲載があった。『武鑑』に譜代大名格で独立して記載するよう運動し、紆余曲折があったが、文化一三年（一八一六）、別冊で出版することが認められた。

文政八年（一八二五）、八朔・五節句の単独登城が許されたが、付家老は将軍家継嗣の母体として機能する御三家を幕府が統御するためには不可欠であり、切り離して譜代大名とすることは許されなかった。

## 尾張徳川家献上品御用商人、吉田清助

尾張徳川家がいかに拝領・献上に力をいれていたかは、意外なところからもみえてくる。前章で取り上げた在郷町桐生の織屋吉田清助と深くかかわっていたことに気づいた（『家族と子供の江戸時代』）。

化政期の好況が天保改革の奢侈《しゃし》禁止令の余波をこうむり、一転不景気風にあおられ、桐生の絹織物業はピンチに立たされていた。先を読む清助は、飢饉の天保七年（一八三六）、景況に左右されず、安定して絹布を購入してもらえる尾張藩御用の織屋になろうと画策する。御用機《ごようばた》株を手

に入れることである。

清助は、江戸在住の国学の師橘守部《たちばなのもりべ》の助けを借り、株の持ち主高野彦兵衛と交渉し、譲渡を受け、翌天保八年、江戸屋敷御殿において御召服御用聞を仰せつけられた。この間御用株の売買価格をめぐって複雑なやり取りが交わされ、清助の投じた費用は一〇〇両にもおよんでいる。

「御召服御用」とは、藩主やその家族が着用する高級絹布の調達が主となるであろうが、高級絹織物の献上も頻繁に行われている。これと決めた織屋を「御用聞き」に任じ、献上品の品質に万全を図っていたとも考えられる。すぐれた技能を誇る絹屋として著名であった清助に白羽の矢が立ったとしても不思議ではない。

清助にしてみれば、それまでしても、御三家尾張藩御用は、もたらされる利益はさることながら、権威・由緒は筆舌に尽くしがたい魅力であった。それは御小納戸《おこなんど》役所において下賜された「御達」・苗字名前の書き替え、御達し状・証文御用札・御高張・御弓張・御長持・御通筥《かよいばこ》である。御三家尾張徳川家の家紋が大書された「御用」の権威に弱いのが世間一般である。翌天保九年三月、清助は桐生新町の領主出羽松山藩（二万五千石）桐生陣屋に誇らしげに尾張藩御用を拝命したことを届け出ている。

**以書付御届申上候**

一、私儀去酉年一二月七日
尾張殿御　召服御用被仰付候而《おおせつけられそうろうて》則御達書　幷《ならびに》　御証文・御鑑札頂戴仕《ちょうだいつかまつり》、猶又御用札・御高張・御弓張・御長持・御通筥等給ハリ、所持仕候、勿論御用聞家格を以可相勤旨《もってあいつとむべきむね》被仰付候、右ニ付為念御届申上候、其節早速御届可仕之所久々病中故乍思延引《えんいん》ニ相成候、何分右之趣宜敷《よろしく》御承知被下置候様願上候、以上

天保九戌年三月　　五町目　　清助

御陣屋

御役人中様

清助は御三家筆頭尾張様の御用聞きを承る、葵の御紋に連なる由緒の家格を獲得したことを公表した。一町人身分とはいえ、領主の譜代出羽庄内藩酒井家の支藩である松山藩に拮抗、凌駕《りょうが》する権威を手に入れたことになる。一〇〇両の投資も惜しくない。

武州世田谷彦根藩領分宇奈根村の百姓にして、江戸市ヶ谷の尾張徳川家上屋敷に出入りし、御

勘定所から米一〇〇石を拝借し、酒造業に乗りだす源右衛門という稀有な農民がいた。酒造業で失敗するが、その後尾張藩御材木御用株を取得して玉川屋源右衛門と改名、御用商人に変身する。

玉川屋の御用は、将軍に献上する品々とその目録その他をのせる台を調製・管轄する市ヶ谷御細工所御賄所に御用材を納めることであった。名乗りも小泉源右衛門政房と威儀を正し、血判の誓紙を差しだしている。献上品は当然として、のせる台の製作にまで、木曽の良材を特注し、上屋敷内の細工所で念入りに仕上げているのである。御三家尾張徳川家がいかに将軍家への献上にこだわったか、その一端をしのばせてくれる（『江戸村方騒動顛末記』）。

## 江戸の献残屋

江戸の平和が成熟するにしたがい、由緒を競って金に糸目をつけぬ諸大名の献上合戦が展開していった。武士が戦場で首を取り合い武功の拝領を競う乱世とは大違いの、刀を算盤《そろばん》に持ち替えて金策に東奔西走、会計・経理の智恵を絞った戦いであった。

江戸の人口一〇〇万の半分は武士であった。公の拝領・献上の儀礼は、幕府・諸藩の円滑な関係の保持に不可欠な要素となって定着した。そして旧来民間の贈答・互酬《ごしゅう》の慣行と一体となって、末端は裏長屋の熊さん八つぁんにいたるまでを巻きこんだ一大市場に発展していった。

これに目をつけた抜け目のない商人が現れる。だぶつく献上品を引きとって転売する献残屋《けんざんや》である。『守貞漫稿《もりさだまんこう》』（喜田川守貞『近世風俗志』一）に、「今世、江戸にありて京坂にこれなき生《なり》業《わい》」として特記されている。

**献残屋**　諸武家献備および各互ひの音物《いんもつ》、あるひは市民より献進の諸物、その余残を売るを本とするの名なれども、今は献備の諸品は実用に用ひず、この賈《こ》に売り下すなり。これを買ひて献進再用する物はなはだ多く、あるひは私用・他用にもすることなり。

上り太刀と名付けて、木太刀を黒漆ぬり真鍮具の物、ただ太刀の形のみなる物、太刀献上の例にはこれを用ふ。太刀代と号して価を副《そ》ふるなり。この太刀等他用しがたく再三用ふるなり。

熨斗鮑《のしあわび》、沽魚《ひもの》、干貝、塩鳥、昆布、檜台、折櫃、筥《はこ》、樽の類なり。

葛粉、片栗粉、水餅、金海鼠《きんなまこ》、干鮑、くるみ、唐墨《からすみ》、海鼠腸《このわた》、雲丹《うに》

右の献残、大坂になしと思ひしに、御祓筋本町より以北にただ一戸これあり。江戸城辺には数多これあり。京師にもあるべし。

三〇〇もの大名家に五〇〇〇〇有余の旗本、これに御家人、大名家の陪臣、献上にまつわりつく町人を含めれば、膨大な献上の品々が江戸市中に流通したと考えられる。消費、実用に供しないものは、献残屋に払い下げられ、再利用された。

献残屋は利鞘《りざや》を取って大儲けとなる抜け目のない商売である。江戸城周辺には公然と店を構える同類が数多く軒を並べていたとある。

おもしろいのは国産を称する産物献上の品々まで現地で調達、搬送することなく、登城の道筋あたりの献残屋の店先で購入可能であったことである。熨斗鮑・干鮑・干物・海鼠腸・雲丹などの海産物、葛粉・片栗粉・くるみなどの農産物がどのようなルートから取り寄せられていたのか、往時の流通の力量に驚かされる。ちなみに小むずかしい品名は、読み書きのベストセラー『商売往来』にすべてクリアされている。人びとは献上品の明細に関心高く、熟知していたことになる。

拝領・献上の儀礼は同時に、贈答・互酬の慣例を敷衍《ふえん》、拡大させていく。平和を満喫する武家の最大の関心事は、江戸では幕府の人事であった。町人とて商機を読むに欠かせない。

身分と世襲の世界とはいえ、役職は名誉と実利の役得をもたらしてくれる。江戸の平和は、命をかけて武勲を競う乱世から、頭と金がものをいう立身出世の時代への転換を促した。

# 「御大名出世双六」の世界

## 「御大名出世双六」で遊ぶ

「御大名出世双六」と銘打った木版摺《もくはんずり》の双六がある。「禁売買」と市中に出回ることは禁止しているが、木版であるのでかなり流通したものと思われる。内容は、大名・旗本がもっとも熱く関心を寄せた幕府支配機構の人事を役職昇進に合わせて双六に仕立てている。

家督を振り出しに、「上」前の「御大老」を最高位に、四三の役職が碁盤の目のように縦六、横八の桝目《ますめ》に並べられている。振られたサイコロの目によって「上」を目ざして出世の早さを勝負しようという、畏れ多い遊びであろう。(次ページ参照)。

役職名の右の①から⑥の数字は、出た目に応じて移動することを指示するものと容易に判断できた。家督を継げば賽《さい》の目全部の六とおりの出世の途が開けることはわかる。問題は、大老から家督まで四一役職の左側に記された役職とその下の数字が、双六遊びにどのような役割を果たしているのかである。

数字は1・2・3・5・10からなり、多くが2であった。数字の多少は意味深長である。総計

| | | | |
|---|---|---|---|
| **上** | **大老**<br>③上<br>②⑥手伝<br>上3<br>老中3<br>奏者3 | **溜之間**<br>②上<br>①大老 | **老中**<br>①⑥隠居<br>④大老<br>③溜之間<br>大老5 |
| **側用人**<br>①日光代参②隠居<br>⑤雁之間<br>⑥若年寄<br>老中2<br>若年寄2 | **交代寄合**<br>③⑥大番頭<br>④⑤側衆<br>若年寄2<br>大番頭1 | **菊之間**<br>③⑥雁之間<br>④⑤伏見奉行<br>老中2<br>若年寄1 | **雁之間**<br>③⑤溜之間<br>④⑥日光代参<br>大老3<br>奏者2 |
| **大目付**<br>⑤②大番頭<br>④③町奉行 | **伏見奉行**<br>①⑥側衆<br>③町奉行<br>⑤②小納戸<br>所司代2<br>城代2 | **書院番頭**<br>①⑥町奉行<br>③小納戸<br>⑤②日光代参<br>奏者3 | **中奥小姓**<br>①⑥側衆<br>③大目付<br>⑤②桜田門番<br>側用人2<br>寺社奉行2<br>側衆2 |
| **祐筆**<br>①⑥交代衆<br>⑤②大手門番<br>側用人2<br>側衆2<br>若年寄2 | **鉄砲奉行**<br>④③定火消<br>①伏見奉行<br>⑥書院番<br>若年寄2<br>奏者2 | **御持筒頭**<br>④③定火消<br>②伏見奉行<br>⑥書院番<br>側用人2<br>奏者2<br>側衆2 | **弓頭**<br>①奏者<br>⑤④祐筆<br>⑥使番<br>上5<br>奏者2<br>側衆2 |
| **槍奉行**<br>⑤④小姓衆<br>③⑥側衆<br>①②小普請寄合<br>若年寄2<br>側用人2<br>側衆2 | **小納戸**<br>⑤②小姓衆<br>④③書院番<br>⑥西之丸番<br>若年寄2<br>側用人2<br>側衆2 | **小姓衆**<br>①⑥代官<br>⑤②中奥小姓<br>④③鉄砲奉行<br>若年寄2中奥小姓2<br>側用人2祐筆2<br>側衆2 | **佐渡奉行**<br>③側用人<br>⑤②使番<br>④側衆<br>上10<br>書院番2<br>祐筆2 |
| **隠居**<br>③家督 | **家督**<br>①代官②持筒頭<br>③槍奉行④町奉行<br>⑤鉄砲奉行⑥留守居<br>大老2書院番2<br>若年寄2奏者2<br>側用人2寺社奉行2<br>佐渡奉行2側衆2 | **①小普請**<br>**②先手**<br>**③交代衆** | **④寺社奉行**<br>**⑤小姓衆**<br>**⑥旗奉行** |

**御大名出世双六**

| | | | |
|---|---|---|---|
| ①⑥老中<br>②菊之間<br>**所司代**<br>大老5<br>老中5 | ⑤老中<br>④③所司代<br>**城代**<br>大老5<br>老中5 | ①⑥所司代<br>②隠居<br>**若年寄**<br>大老2<br>老中2<br>奏者2 | ④③若年寄<br>⑤②奏者<br>**日光名代**<br>若年寄2奏者2<br>寺社奉行2側衆2<br>側用人2 |
| ①⑥城代<br>⑤②日光代参<br>④隠居<br>**寺社奉行**<br>老中3<br>奏者3<br>伏見奉行3 | ②側用人<br>③寺社奉行<br>④小普請寄合<br>**奏者**<br>大老3<br>老中3<br>若年寄3 | ①④城代<br>③老中<br>⑤菊之間<br>**普請手伝**<br>勘定奉行2<br>奏者2<br>若年寄2<br>寺社奉行2 | ①側用人<br>③長崎奉行<br>④⑤奏者<br>**側衆**<br>大老3<br>老中3<br>若年寄3<br>側用人3 |
| ①⑥側用人<br>③⑤日光代参<br>④西之丸番<br>**大番頭**<br>奏者2<br>側用人2<br>側衆2 | ①⑤寺社奉行<br>④使番<br>③奏者<br>**町奉行**<br>若年寄2<br>寺社奉行2 | ⑤③菊之間<br>④⑥交代衆<br>**勘定奉行**<br>若年寄2<br>奏者2<br>寺社奉行2 | ①⑥十人目付<br>③伏見奉行<br>⑤②交代衆<br>**留守居** |
| ②⑥奏者<br>④③持筒頭<br>①⑤槍奉行<br>**先手**<br>若年寄2<br>側用人2<br>側衆2<br>小姓衆2 | ⑤⑥交代寄合<br>②①持筒頭<br>③槍奉行<br>**定火消**<br>寺社奉行2<br>大手門番2<br>町奉行2 | ⑤②大番頭<br>④側用人<br>⑥弓頭<br>**大手門番**<br>所司代2<br>城代2<br>佐渡奉行2 | ⑤大手門番<br>②番頭<br>⑥勘定奉行<br>**西之丸番**<br>大番頭2<br>大手門番2<br>勘定奉行2 |
| ①⑥小普請寄合<br>②③祐筆<br>⑤桜田門番<br>**十人目付** | ①⑥寺社奉行<br>②勘定奉行<br>③使番<br>**長崎奉行**<br>寺社奉行2<br>側用人2<br>側衆2奏者2 | ①③奏者<br>⑤②留守居<br>④先手<br>**使番**<br>大番頭2<br>勘定奉行2<br>若年寄2 | ②⑥留守居<br>④定火消<br>③弓頭<br>**旗奉行**<br>若年寄1<br>寺社奉行1<br>側用人1<br>側衆1 |
| ②小納戸<br>③⑤十人目付<br>⑥西之丸番<br>**代官**<br>勘定奉行3<br>佐渡奉行2<br>伏見奉行2 | ①雁之間④槍奉行<br>②菊之間⑤日光代参<br>③佐渡奉行⑥鉄砲奉行<br>**桜田番**<br>番頭1<br>大手門番1 | ①側衆<br>②佐渡奉行<br>⑤代官<br>⑥弓頭<br>**小普請寄合**<br>若年寄2<br>老中2<br>側用人2 | ⑤交代寄合②留守居<br>④小納戸⑥代官<br>**交代衆**<br>若年寄2奏者2<br>側用人2側衆2<br>勘定奉行2 |

**受ける側の役職**

| | | | |
|---|---|---|---|
| 1 | 若年寄 | 36 | 家督・小普請・交代・旗1・使番・小姓・納戸・槍・祐筆・鉄砲・先手・勘定・町御側衆3・普請・交代・側用人・日光 (18) |
| 1 | 奏者 | 33 | 家督・長崎・鉄砲・持筒・弓・勘定・大番・書院3・普請・寺社3・雁・日光・若年寄・大老 (14) |
| 3 | 老中 | 30 | 小普請・御側衆3・奏者3・寺社3・菊・側用人・若年寄・城代5・所司代5・大老3 (10) |
| 3 | 側用人 | 30 | 家督・小普請・交代・旗1・長崎・小姓・納戸・槍・祐筆・持筒・先手・大番・中奥・御側衆3・日光 (15) |
| 5 | 大老 | 28 | 家督・御側衆3・奏者3・雁3・若年寄・城代5・所司代5・老中5 (8) |
| 6 | 側衆 | 27 | 家督・交代・旗1・長崎・小姓・納戸・槍・祐筆・持筒・弓・先手・大番・中奥若年寄 (14) |
| 7 | 上 | 18 | 佐渡10・弓5・大老3 (3) |
| 8 | 寺社奉行 | 17 | 家督・旗1・長崎・火消・勘定・町・中奥・普請・日光 (9) |
| 9 | 勘定奉行 | 11 | 代官3・交代・使番・西丸・普請 (5) |
| 10 | 城代 | 9 | 門番・伏見・奏者3・菊1 (4) |

数字のない役職は2、(　)は役職数である。トップの若年寄は家督以下18の役職から2づつ合計36、2位の奏者は14の役職から33の音物を受領している。

は二七七にたっした。この謎を解明する手がかりを探るため、役職個々に指示された左側の役職・数字を摘出し、役職ごとに集計してみた。これを数の多い順にしてベストテンにまとめた(上の表)。

大老・老中が高位にあるのは当然として、役職間を結ぶ調整の機能をになう若年寄・奏者、将軍に近侍する側用人・側衆が他を圧倒していることが判明した。

若年寄は旗本の人事に深くかかわっている。奏者・側用人・側衆は、上は将軍から大老・老中への取り次ぎ役であったので、公私のつなぎ役として重視されたのであろう。必ずしも職俸・禄高の高下とは関係なく数字は分布している。また高位の役職ほど、受取先の役職が少ないにもかかわらず、数字が多い。

どうもこの数字は、役職就任の際の音物《いんもつ》を意味しているのではないか。昇進・着任に際して、挨拶《あいさつ》に赴くべき先と持参する音物の数量を示しているのではないか。そうであれば、拝領・献上を土台に繰りひろげられた贈答の実態を巧みに反映させた双六といえよう。

人事をめぐる贈答は日常茶飯事の慣行となって、武家ならだれもが知らねばならない常識になっていた。これから職務を遂行するのに差し障りの生じないよう、新任の挨拶代わりの贈り物であった。繋ぎ役はまんべんなく広汎に、重き役には手厚い音物が贈られたということになろう。

いっぽう、贈る側の役職のベストテンはどうか。表にして次ページに示した。

振り出しの家督が数量の16といい、先方役職数8といい、断トツである。武家にとって家督相続がもっとも費用のかさむ難事業であったことが裏付けられる。さあこれからスタートという家督相続はおろそかにしてはならない。関係先に十分音物を贈って手当せよとの教えか。

先方の役職数3に比して14と数字の多い佐渡奉行は、「上」の10に起因している。上がなにをさすのかは、いまのところ不明である。金山奉行であることと関連するのか。高位高官間のやり取りは互いに数字が高く、音物も高価であったと推測できる。

**贈る側の役職**

| | | | |
|---|---|---|---|
| 1 | 家督 | 16 | 大老・若年寄・側用人・佐渡・書院・奏者・寺社・御側衆　(8) |
| 2 | 佐渡 | 14 | 上10・書院・祐筆　(3) |
| 3 | 御側衆 | 12 | 大老3・老中3・若年寄3・側用人3　(4) |
| 4 | 交代衆 | 10 | 若年寄・側用人・勘定・奏者・御側衆　(5) |
| 4 | 小姓衆 | 10 | 若年寄・側用人・御側衆・中奥小姓・祐筆　(5) |
| 4 | 日光名代 | 10 | 若年寄・寺社・側用人・奏者・御側衆　(5) |
| 4 | 城代 | 10 | 大老5・老中5　(2) |
| 4 | 所司代 | 10 | 大老5・老中5　(2) |
| 9 | 大老 | 9 | 上3・老中3・奏者3　(3) |
| 9 | 奏者 | 9 | 大老3・老中3・若年寄3　(3) |
| 9 | 寺社 | 9 | 老中3・奏者3・伏見3　(3) |
| 9 | 弓頭 | 9 | 上5・奏者・御側衆　(3) |

トップの家督は大老以下8役職に各2の16の音物を贈っている。ほかは、贈る音物の数字が3～10と大きい傾向が目につく。

気になるのは、実質どれだけの実入りがあったのかである。

役職ごとに音物を受け取る数と逆に贈る数の差額を算出したところ、上位は、若年寄が30、側用人26、老中25、奏者24、大老19、上18とつづき、受け取る役職の順位と変わらず、高位高官の下に音物が集中するのではという予見と、ほぼ一致した。

双六のなかで左側が空白の六つの役職がある。上と隠居はわかるが、溜之間《たまりのま》・大目付・留守居・十人目付はなぜなのか。溜之間・留守居は功成し遂げた大名・旗本の名誉職であるので、生ぐさい贈答献酬の俗事の圏外にいたからであろう。大目付・十人目付は大名・旗本の監察の職である。そんなところへ音物を贈れば逆に下心を疑われる。また、職責として音物は受領しない建前であったと考えられる。幕府組織内の抑制は効いている。

最後の疑問は、なにゆえに「御大名出世双六」はつくられたのか、である。背景には、江戸の平和を満喫し、成熟した官僚社会がある。もはや刀でものをいわせる武士の時代ではなくなっていた。三百の諸侯、五千余の旗本は幕府官僚機構に組みこまれ、多用複雑なポストの下に飲みこまれていた。御家大事に生き抜くためには、この官僚社会で立身出世を遂げなければならなかったのである。

おそらくこの双六によって、江戸五〇万余の武士の子弟が遊び興じながら、贈答献酬の儀礼で支えられた官僚社会を生き抜く術を学んだのではなかろうか。それだけに内実の幕府の支配体系を生き写しにした、よくできたテキストといえる。

町人とて幕府の人事に無関係ということはない。公共工事の御普請《ふしん》など、御用のつく膨大な金のなる木が江戸城内に繁茂していた。商機を得るには人脈を探るにあり、人事に目ざとくなければ生き馬の目を抜く競争社会を生き抜けない。

## 贈答・饗応・接待の江戸社会

拝領・献上の儀礼は、贈答から饗応・接待に姿を変え、染み渡っていく。武家の慣例が百姓町人の世界すみずみに浸透していった事例をひとつ紹介して本章を閉じたい。

嘉永三年（一八五〇）の江戸。駿河国駿東《すんとう》郡御宿《みしゅく》村（裾野市）で起こった博徒間の殺人事件の吟味を受けるため、勘定奉行池田播磨守頼方から差し紙をつけられた当事者の永左衛門、差添《さしぞえ》の名主吟右衛門たち。江戸の訴訟は、関係者が馬喰《ばくろちょう》町の公事宿《くじやど》に滞在して審理を受けねばならない。取調べは悠長で遅延する。費用はすべて持ち出しになる。訴訟が長引けば滞在費がかさみ、究極は連帯責任を負う村の負担となって、名主は安閑としていられない。まして農繁期、村を留守にするのはつらい。訴訟を一身にになう名主吟右衛門は公事宿に相談して、なんとか裏面から早期結審をはかる良策はないかと模索する。

たまたま好都合なことに、名主の実兄渡辺楷助が、幕閣の御側《おそば》御用取次《ようとりつぎ》の要職にある旗本本郷丹波守泰固《やすかた》の用人頭取を務め、在府していた。御側御用といえば、「御大名出世双六」で音物受領三〇で第三位、贈答差実質受領二五で第二位の、幕府官僚システムの中枢のポストである。兄の主のコネクションを駆使してなんとか江戸滞在を切り上げ帰村できないか、と頼み込んだ。まかせておけと引き受けた兄は、難なく関係箇所にわたりをつける。

まず御宿村領主荻野山中藩大久保長門守教義の郡奉行《こおりぶぎょう》、本庄確左衛門の了承を取りつけておく必要がある。さっそく吟右衛門は上屋敷に出かけ、本庄氏にぜひとも一件につき柳橋料亭梅川まで御足労願い、兄楷助に会ってほしいと申し入れる。郡奉行は御側御用筆頭の本郷氏の用人頭取からの急な招きに驚くが、小藩郡奉行の弱味もあってか、快諾、手厚い饗応を受けて、よしなにと了解する。江戸でも有数の高級料亭梅川の支払いは金一両二朱であった。

楷助は、勘定奉行にコネを持つ飯田藩堀石見守親義の用人柳田東助を引き合わせる。柳田は勘定奉行池田頼方の用人安井錦作を紹介、吟右衛門は安井と面談、訴訟の仔細を説明、帰村と早期の決着を奉行に取りなすよう歎願する。柳田の指示に従い、帰村願書を奉行所に提出するなど働きかけをつよめる。裏ルートの工作が功を奏したのか、経緯は不明であるが、かれこれ一か月後、帰村が許された。

頼みごとには謝礼が不可欠である。江戸出立前、吟右衛門は仲介者柳田東助と当事者安井錦作の役宅を訪ね、丁重に謝辞を陳べ、礼物を贈った。

一、金五両也　　柳田様御礼金
　　　　　　　　御肴代として上る

一、金拾両也　池田様御用人様へ上る
　　　　　　　御菓子代
一、金五両也　御同人様へ御重詰にて上る代金
　　　　　　　但し嶋村料理

仲介者柳田東助への礼金五両は御肴代という名目である。勘定奉行池田頼方の用人安井錦作へは御菓子代の名目で倍額の一〇両である。これに加え、江戸でも八百《やお》膳《ぜん》と並ぶ屈指の高級料亭嶋村の重詰を安井錦作に持参している。この代金が五両である。これらの金額は楷助が指示した、当時の訴訟一件の相場であったのであろう。

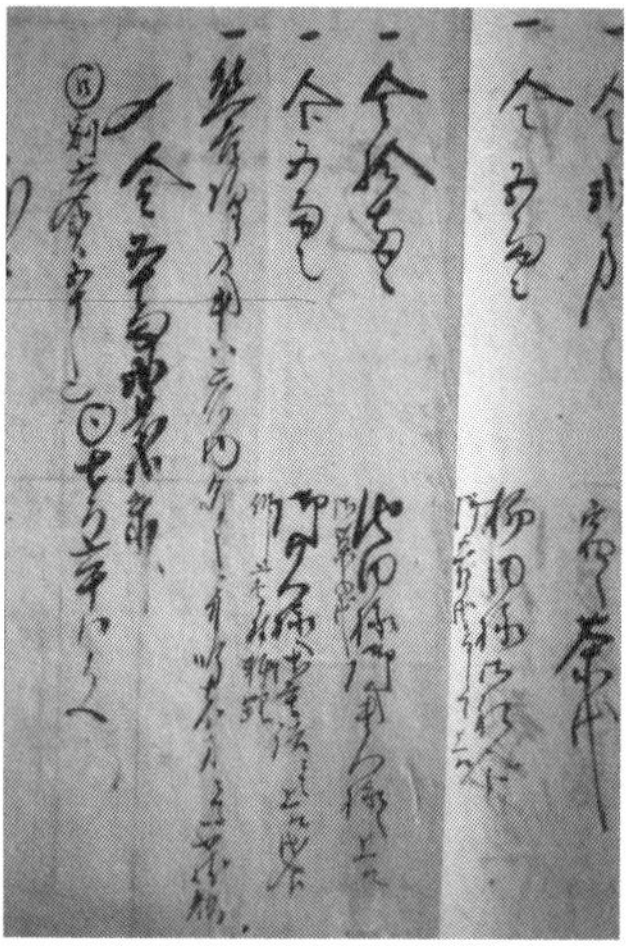

**仲介者への謝礼**　名主は、一件落着後の村での訴訟費用の精算に備え、20両もの謝礼金の明細を記帳したのであろう。

現金をストレートに渡すのは贈答儀礼にふさわしくない。御肴代・御菓子代という祝儀風に粧うのが贈答の美学である。おそらく御肴・御菓子の中味を双方が阿《あ》吽《うん》の呼

吸でわかり合っているのが、江戸の贈答・互酬社会である。

菓子折を開ければ銘菓がずらり、しかしその底には山吹色の小判が光っている。

東映時代劇やテレビの水戸黄門で必ず一シーン、この光景が映しだされる。つまらないものですが、と差しだす菓子折をちらっと確かめて、悪代官その他が発する決まり文句が「越後屋、お主も悪よのう」。

この江戸訴訟から、裏世界で世を動かし、時に暗躍する用人グループの存在と連携、そして府内を活性化させる、高級料亭の柳橋、芝居見物の猿若町、遊郭吉原の饗応・接待のエリアが浮かび上がってくる。

江戸時代には、賄賂《わいろ》にまみれた贈答・饗宴・接待の腐敗したイメージがいつの間にかつくられ、常識になった観がある。果たしてそれだけなのか。戦乱・戦争に明け暮れ、人間の命・楽しみを奪った時代よりも、贈答・互酬の気配りのなかに消費生活を満喫した江戸人のほうが、幸福度ははるかに高かったのではないか。

江戸の平和にあって、贈答か賄賂かの判定はむずかしい。近代の価値観をもって一刀両断することは心地よいが、拝領・献上の儀礼を骨格とした江戸の平和の本質を見誤ることになる。

一例をあげれば、忠臣蔵の赤穂藩主浅野内匠頭《たくみのかみ》と高家《こうけ》吉良上野介《こうずけのすけ》との勅使饗応をめぐる刃傷《にんじょう》事件である。忠臣蔵に劇化され、武士道徳の鑑《かがみ》とされ、日本人の心情深く浸透しているが、公儀の朝幕儀礼の根幹に属する事件であり、城中松の廊下で抜刀、刃傷に及ぶのは非礼である。また高家が音物を受領するのは、賄賂ではなく通例職責の贈答儀礼であったことも真実である。吉良が悪役とされるのは、あまりに一方的すぎないか。まさに戦国の遺風が脱却できない、武家政治の抱える苦悶のあらわれであった。

現代が贈答・献酬を悪習と見なし、クリーンとなったかと問われれば、W杯の開催地選定にからんで、当事者のＦＩＦＡ内部に数百億の賄賂が飛び交う御時世である。

江戸の平和を見直すひとつの視点として、拝領・献上に発する贈答・互酬の儀礼社会に注目していただきたい。

# 第四章

# 紛争とその収拾

# 遺産相続をめぐる争い

## 小林一茶の執念の家産分割争い

二世紀半もつづいた江戸の平和において、紛争・訴訟はどのように処理されていたのであろうか。幕府は恐怖政治を強行して、抑圧していたわけでは決してない。紛争当事者が納得する「公正」な裁きが行われるような、文書による手続き、いわば法治主義の環境がつくられていった。少なくとも為政者の個人感情で左右されたり、支配領主区々《まちまち》の裁きではなかった。

もっとも多く頻発したのは、遺産相続をめぐる民事の訴訟であった。今日とてこの範疇にあるが、それには触れない。

百姓は田畑と家屋敷を所有し、家を経営・相続する。町人とて家作の店を所有し、商売に精出す。家産の有無が暮らしの決定的要素となった。家産をだれが相続するのかが、いちばんの関心事になった。かくして、生きるがため、家族・親族・同族・村共同体の縛りを越え、近親憎悪の争いがいたるところで繰りひろげられた。

幕府公権力は民事に直接介入することを極力避け、当事者間の内済・示談で収拾することを勧めた。具体例を俳人小林一茶の執念の亡父遺産分割からみておきたい（小林計一郎『小林一茶』）。

幼児を慈《いつく》しみ、小動物に愛情を注ぐ、ヒューマンな俳人として親しまれる小林一茶は、亡父の遺言状を盾に執拗に家産の分割相続を迫った弥太郎という、もうひとつの近代人にちかい狡猾《こうかつ》な百姓の顔を持っていた。

一茶（本名、弥太郎）は、宝暦一三年（一七六三）、信濃国水内《みのち》郡柏原村に生まれた。柏原村は、本村のほか四つの新田集落から成り、北国街道の信越国境に近いこともあって、宿役をも勤める、村高一三六五石（三分の二が畑、三分の一が一毛作の田）の大村であった。一茶の生家が属する本村は五五四石、寛政四年（一七九二）には戸数一四八、人口六九四、幕府中野代官の支配所であった。

参勤交代の大名が上下する北国街道の宿駅でもあったので、本陣・旅籠《はたご》・茶屋をはじめ酒屋・米屋・小間物屋などが街道筋に軒を並べる、地域の交通・流通の中心地でもあった。

一茶の生まれた当時、父弥五兵衛は持高六石五升（田三石四斗一升、畑二石六斗四升）、柏原本村一三八戸中四七番の本百姓であった。また、御伝馬役を負担する表口は九間三尺、奥行は二三間の屋敷地を所持していた。典型的自作農の中農であった。

明和二年（一七六五）、一茶三歳のとき、母が急逝する。実母との死別が、一茶の生涯に特異な影を落とすことになる。一茶八歳の明和七年、父は後妻を迎え、二年後に弟仙六が生まれる。一茶は継母の継子いじめに苦しんだという。一茶を慈しんだ祖母が安永五年（一七七六）に亡くなると、一茶の居場所は失われた。父は一茶を江戸に奉公に出すことで家内を納める決心をする。

翌安永六年、一五歳の一茶は、父に牟礼《むれ》宿まで見送られ、故郷をあとに江戸に旅立った。以後一〇年間、一茶は、研究者の探索にもかかわらず消息不明であるという。信濃の奉公人は「椋《むく》鳥《どり》」と呼ばれ、江戸市中にあふれていた。奉公先を転々としながら俳諧に精進していたのか。

一茶は故郷柏原を捨てたわけではなかった。一五年後、二九歳の寛政三年にはじめて帰郷した。

## 遺言状を取得する

問題は享和元年（一八〇一）、三九歳のときの三度目の帰省に端を発する。この年三月帰郷、滞在中の四月二三日、父弥五兵衛が発病、農繁期で家を留守にせざるをえない異母弟に代わって病床に付ききりで看病にあたる。この間、一茶は病臥の父から、全家産を弟仙六と二分割せよとの遺言状を与えられた、というよりせしめた。

仙六にしてみれば、家を捨てて江戸で俳諧師となって自立したはずの兄が、突然狡猾な公事師《くじし》ごときに変身、今際《いまわ》の老父を籠絡《ろうらく》して、母とともに父をもり立て倍増させた家産を、たった一枚の遺言状で奪い取ろうとする悪巧みに思えた。

弥五兵衛の持高は、一茶実母の死後、いったん三石七斗一升に減少するが、一茶出郷後は増加に転じ、最盛時には一〇石八斗六升にたっしていた。一茶はたまたま父の病に立ち会い、たまたま遺言状を手に入れた。死ぬ間際の口答の遺言ではない。

遺言状の実物は、あとで触れるその後の分割交渉の際に不要ということで名主嘉左衛門に預けてしまったため、いま確かめることはできないが、後年、「柱ともたれしなぬし嘉左衛門といふ人に、仏の書一紙、いつはりとられしものから」と述懐していることからも、しかとした体裁を整えた弥五兵衛実印の捺された、いざ訴訟となったら決め手になる「仏の書一紙」だったにちがいない。

一茶は弥五兵衛の病と死に直面し、急に家産の半分を相続することを思いついたのではあるまい。生き馬の目を抜く江戸の市井に「椋鳥」とさげすまれながら生きながらえて身につけた世間知から、継母に対する怨恨と重なり合って、家産を半分もらう権利が長男の自分にあると思い定めていたのではないか。遺言状の作成は、純朴な柏原村の百姓仙六母子から家産を譲渡させるという、一茶の仕組んだ深謀遠慮であった。

証文が物をいふぞよとしの暮れ

謀書謀判の犯罪の絶えない江戸の社会の裏長屋に住み、借金取りに追われる身でありながら、お大尽札差《ふださし》夏目《なつめ》成美《せいび》の門人でもあった一茶は、公事宿《くじやど》が軒を連ねる馬喰町《ばくろちょう》界隈にも出入りし、それなりに公事に明るかったと考えられる。「証文が物をいふ」実例を見、聞きもしていた。

父ありて明ぼの見たし青田原

当主の父弥五兵衛が最期に遺してくれた「仏の一書」で、故郷柏原の青々とした田がいずれ自分のものになるのだ。遺言状を懐に、揚々と江戸に戻る一茶の足は軽かった。

## 家産分与の「取極一札」を取る

ところが、事態はそんなに甘いものではなかった。遺言状にものをいわせようとする一茶に、柏原村の関係者は冷たかった。継母のいじめがあったとはいえ、二四年もの間、出奔《しゅっぽん》同然にしておきながら、いまさら半分よこせとはどの面さげて言えたもんだ。悲憤する仙六母子に村あげての同情が集中し、一茶の企みを妨害する。

心からしなのゝ雪に降られけり
雪の日や古郷人もぶあしらひ
古郷やよるも障《さわ》るも茨の花

一茶は村八分同然の扱いにもめげず、遺言状一枚を盾に一歩も退いていない。情ではない公の論理の後ろ盾に、強靱な意志を持ちつづけていた。

文化五年（一八〇八）、父の死から七年、遺産分与の一札を手にするまでにいたった。

**取極一札之事**

一、親遺言ニ付、配分田畑家舗《やしき》左之通
一、名所佐助沢
田弐百刈　高壱石四斗五升四合
同所畑　高三斗九升三合　田成

一、名所中嶋
田百刈　高弐斗弐升八合
同所畑壱丁半鋤　高七斗二升八合
一、名所五輪堂
畑三丁半鋤　高八斗三升七合五勺
一、山三ケ所　但中山弐割
作右衛門山　壱ヵ所
右弥太郎分
外
屋舗半分　但南之方
世帯道具　壱通
外夜具　壱通
右之通引分、双方共申分無御座《もうしぶんござなく》候、右ニ付当辰得米ニ而当年米穀・塩・噌《（ママ）》・薪・御年貢・
夫銭・高掛等差引、巨細勘定仕、差引過不足急度《きつと》算用可仕候
右之趣村役人幷《ならびに》親類立会「紛失物（一茶印）迄」相済候上ハ、双方共已来彼是六ケ敷《むつかしき》

義申間敷候《もうすまじく》、然上《しかるうえ》ハ「遺書（一茶印）抔《など》等ニ而《て》出シ候共、可為反古《ほごたるべし》此上」、兄弟・親類共睦敷《むつまじく》仕《つかまつり》、百姓相続仕可申候、若《もし》異変申者有之候ハヽ、村役人急度取斗、相背間敷候、仍而為取替証文、如件

文化五辰年十一月

柏原村百姓　弥兵衛㊞

同人兄　弥太郎㊞（印文一茶）

同人親類　弥　市㊞

当村御役人中

兄一茶こと弥太郎と弟仙六こと弥兵衛の遺産相続が結着しましたと、当事者双方と本家の弥市が連署連判して柏原村役人に差し出した示談の一札である。

おそらく三通つくられ、弥太郎・弥兵衛兄弟と村役人が所持したものと思われる。後顧に憂いなきよう家産細部にわたるまでじつによくできた遺産分割書である。不分明な「紛失物」まで精査し、またこれで「遺書」は反古《ほご》にするとわざわざ実印をその個所に捺して念には念を入れている。一茶の印であることから、弥兵衛が所持したほうではなかろうか。

一見すると、切り札の遺書を反古にされ、村役人に一札入れさせられた形式になっているが、

実際は、ねばる一茶に村役人が根負けし、仲裁に入り、実を取られたのである。中味は一茶の主張そのままで、弥兵衛が耕作、経営してきたという実績はなんら評価されていない。まして村役人は、一〇石未満の持高は分割相続してはならぬという分地制限令を一顧だにしていない。

一茶は四六歳になって、三一年ぶりに柏原村本百姓弥太郎に戻って、江戸にいながら公租を納める不耕の寄生地主となって復活する。

## 「熟談書付之事」で一件落着

一茶にとって、これで一件落着ではなかった。江戸の裏長屋の借家住まいか、諸国行脚の旅暮らし、世間の冷たい風にさらされ、泥水をしかと飲んだ一茶の身につけた世間知から、許容できない不履行個所がいくつか残されていた。文化一〇年（一八一三）一月、父の十三回忌の法要のあと、一茶は最後通牒を弥兵衛に突きつけ、不履行の延滞金の支払いを請求する。

遺言の家及倉、其外籾滞金卅両引取らんとす。仙六得心せざるにより、明廿七日出立、東都御紀所に上訴せんとす。然る所、明専寺《みようせんじ》御坊和を乞ふにより延引一茶の言い分は、父の死亡した享和元年に本来分割すべき家産が七年の長きにわたって実行されず、その間弥兵衛が田畑の作徳米《さくとくまい》など収益を横領し、のみならず折半した家屋敷にも家賃を払わずに居住していた。作徳と家賃の未払い分三〇両を払え、いうのが一茶の主張である。

いっぽう、弥兵衛にいわせれば、汗水たらして母子で築いた家産を老耄《ろうもう》の遺書一枚で半分を奪い取り、さらに紛争中の作徳、家・倉の家賃の三〇両までよこせとは、追い剝ぎ同然の仕業である。弥兵衛にとっては泣きっ面に蜂であった。

主張をいれなければ、柏原村は天領だから江戸の御勘定奉行所に出訴する。そうなれば公訴となって村役人とて手出しはできまい。一茶は伝家の宝刀を抜いて脅かした。菩提寺明専寺の住職が村の一大事と仲裁に入り、二枚目にして最後の示談書「熟談書付之事」が作成され、ようやく後味の悪さを残して、一件は落着に向かう。

**熟談書付之事**

弥太郎申立之趣、享和元酉《とり》年親弥五兵衛死去之節、遺言ニ而《て》田畑・家屋敷・山林譲請《ゆずりうけ》、其《その》砌《みぎり》早速引分可申候処、彼是及延引、去ル文化五辰年引分相済申候、然所酉より卯《う》迄七ケ年之間、田畑得米、弟専六方ニ取込置候分、此度元利共ニ受取申度段《もうしたきだん》、幷《ならびに》酉年以来弥太郎分

家屋敷も専六住居致候ニ付、右家賃も受取申度申之、右ニ付、拙者共立入、双方熟談之上、取究《とりきめ》之趣左之通

一、右得米代金・家賃等諸事、弥太郎申立之趣、至極尤之筋《もつとものすじ》に有之、金高も過分之義ニ候得共、数年延置、此度勘定致候得ば、専六家相続も難相成儀《あいなりがたきぎ》ニ付《つき》立入人共より達而相詫、得米代金・家賃等之分として金拾壱両弐歩、専六より為指出《さしださせ》、弥太郎ニ相渡、是《これ》ニ而《て》万事相済シ呉候様及相談候処、熟談得心之上、慥《たしか》ニ受取申候、然上は向後何ニ而も弥太郎より勘定掛合決而無之候

一、家屋敷家財等、先達而議定書付之通、此度引分相済候間、以来双方睦《むつまじく》敷渡世可致申候

右之通双方熟談ニ而相済候上は、重而申分決而無之候、万一異変之儀も有之候はば、加判之者共急度《きつと》埒明《らちあけ》可申候、為後日仍如件

文化十酉正月

弥太郎㊞

二野倉　徳左衛門㊞

専六改名　弥兵衛㊞

親類　弥市㊞

立入人　銀蔵㊞

二野倉の徳左衛門が弥太郎、親類弥市が弥兵衛の差添、銀蔵が立入人の示談の仲介者であろう。明専寺住職の名はない。文面を見るかぎり、一茶の主張は「至極尤之筋」とされ、三〇両という大金をいかに減額するかに弥兵衛は追い詰められた。「専六家相続も難相成」、大本の篤農弥兵衛の方が家の相続が危うくなり、立入人が「達而相詫」なんとか減額してもらえまいかと頭を下げ、ようやく金一一両二分で納得してもらった。

不斗出《ふとで》の「椋鳥」が江戸で磨かれて猛鳥の鷹に変身、益鳥の異母と弟から大切にしてきたお宝を奪取したも同然の所業である。しかし、一紙の遺書から一茶の無理難題のごり押しがまかりとおるのが江戸の平和の遺産相続の現実であって、一茶だけが特殊、特例というわけではない。より酷薄な事例は、ほかに数多あるであろう。

一二年にも及んだ一茶の遺産相続争いにおいて、一度も暴力沙汰なく、謀書謀判の詐欺的行為もなかった。一茶は村八分同然の扱いを種々ぼやいているが、直接、村人や若者らが脅したり、迫害したことはなかった。むしろ一茶のほうが世智に長《た》け、狡猾であったといえる。

この一件は「遺書」にはじまり、「取極《とりきめ》一札之事」「熟談書付之事」の二枚の文書が作成される過程を踏んで、平和裡に「公正」に示談が進められたことになる。

長く近親憎悪でいがみ合った弥太郎・弥兵衛の異母兄弟は屋敷を真半分にして仲良く暮らした

とさ、の大団円となり、雪深い柏原村の昔話の世界に帰っていったのである。

もとより俳人小林一茶について論じたものではない。また筆者にその力量はない。小林計一郎・青木美智男らの業績に依拠しながら、百姓弥太郎の遺産相続についてのみ、江戸の平和の観点から見直した。

## 後家の婚家遺産相続

女性の遺産相続について、具体例をひとつ紹介しておきたい。第一章で取り上げた上州原之郷《はらのごう》村であった訴訟である。文化三年（一八〇六）九月、くめという女性が婚家の家督相続の不当を訴えた事件である。

安永九年（一七八〇）、弥次右衛門（三代）の娘くめ（一八歳）は、苗字帯刀を川越藩から許された医師船津丈右衛門（三代）の嗣子峻貞（二四歳）に嫁いだ。同族間の婚姻である。寛政四年（一七九二）の「五人組改寺社人別帳」によれば、丈右衛門家は両親・峻貞夫婦と孫（男子）二人・次男夫婦・三男夫婦の一〇人の大家族、医業のかたわら、田畑二町二反二畝四歩を所持する大地主でもあった。

寛政六年、峻貞は家督を継ぎ、長男文弥・次男要蔵（夭折）・長女いの・三男惣治郎が誕生、順風満帆の感があった。ところが寛政九年九月二日、峻貞が四二歳の若さで突然病死するという不幸に見舞われた。大家族のなかで嫁後家となったつらさがあったのか、くめは、長男文弥を亡夫峻貞の相続人として残し、翌一〇年三月、丈右衛門家と正式に離縁となって長女と三男惣治郎を連れ、実家の弥次右衛門家に戻った。

またまた不幸が嗣子文弥を襲う。享和二年（一八〇二）、一七歳の若さで文弥が急逝する。丈右衛門家はやむをえず、翌年、峻貞の弟兵治郎が家督を相続することになった。

これに対し、くめは義父隠居丈右衛門に、実家で養育した惣治郎に相続権があると再三主張したが無視され、村役人にまで訴えたが不調に終わった。ここにいたって、くめの執拗な上訴がはじまる。

文化三年九月、一二歳に成長した惣治郎を立てて、川越藩前橋代官役所に訴状を提出した。代官はこれを取り上げ、前橋竪町の取締役伊勢屋彦四郎を扱人にして和熟内済を命じた。

民事訴訟に公権力は直接介入しない。第三者の扱人を介して示談させるのが通例である。前橋町の有力町人がわざわざ原之郷村に足を運んで、当事者・親類・村役人が相談協議の結果、示談がなり、済口議定証文が伊勢屋彦四郎宛てに出され、一件落着となった。

同族・親類・村役人の意向は、村内に波風が立たないよう「已来睦敷可仕《いらいむつまじくつかまつるべし》」の和熟であって、くめにとってなにひとつ実益が明記されなかった。くめは村共同体の男共の馴れ合いを打破し、本来峻貞三男惣治郎に相続権があり婚家の家督相続に異議があると、さらなる藩上層部に直接訴える行動に出た。

二年後の文化五年八月、一四歳の惣治郎に藩の郷目付に「欠込訴訟《かけこみ》」をさせた。郷目付は訴状を受理したが、双方を呼んで「一通り御糺《ただ》」したものの、再吟味なく、督促するも沙汰止みとされた。これでもくめは諦めなかった。

こんどは川越藩家老の前橋領廻村の道筋に待ち構え、「御駕籠訴《かごそ》」を敢行した。家老は取り上げるのを控えたが、「御駕籠側御家来中」の「御取上」になった。しかし、三日後訴状が差し戻され、またもや押し返されてしまう。三年後、丈右衛門家では義弟が隠居し、倅玄貞《せがれげんてい》が家督を継ぐことが藩から許された。惣治郎が相続人となるのはきわめてむずかしくなった。にもかかわらず、くめは諦めず最後の勝負に出た。まず下小出村から藤八という後夫を迎え、幼年ながら人別帳の家主の地位にあった惣治郎を「尻付《しりつき》」にし、実家弥次右衛門家相続の可能性を除去し、丈右衛門家の家督を相続できるという体制を整えた。

文化一一年二月、二〇歳に成人した惣治郎は、「風と川越表へ罷越、同村帯刀人家督相続之儀」に不正ありと川越城下の本藩に直訴した。当惑した藩当局は、急遽原之郷村役人を呼び出し、惣治郎の引き取り方を命じた。周章狼狽《しゅうしょうろうばい》した村役人は川越城下に駆けつけ、「川越江戸町問屋久右衛門方」に「御下ケ《おさげ》」になっている惣治郎を引き取り、帰村した。

惣治郎の虚をつく行動は、落着したはずの家督出入りを振り出しにもどす効果を発揮した。前橋領を管轄する陣屋では紛争収拾能力がないことが露呈し、面目をかけて収拾策を練らねばならなくなった。くめの作戦が功を奏し、意気上がる惣治郎は「慎」の処分を受けたものの、丈右衛門宅に押しかけて「不埒《ふらち》之趣」を仕掛け、「手鎖《てぐさり》」になっている。

家督出入りは、再度竪町伊勢屋彦四郎を扱人にして和熟がはかられ、大幅にくめ・惣治郎母子に譲歩することで示談した。村の体面もさることながら、すでに藩許となった帯刀人の医家の家督相続に問題があることになったら、家永続に障害が生じかねない。ここに丈右衛門家はやむなく家産分与して、内済せざるをえなくなった。かくして、くめの執拗にして御定法を無視した作戦は成功する。

翌文化一二年二月、丈右衛門が惣治郎に下々田一反一〇歩・下田六畝四歩・下田七畝八歩・上畑五畝五歩・中畑五畝一八歩の五筆、田畑合わせて三反四畝一五歩を譲渡することで、最終的に結着した。九年にわたるくめの婚家の家督訴訟の真の狙いは、亡夫の遺産の獲得にあったということになる。同族や村のつきあいには目もくれず、周囲になんといわれようが我が道を行くくめは、種々非難の言葉を浴びせられている。

船津峻貞病死仕候所、倅見立、家相続被致候様ニ親類一家之上より異見仕候得共《いけんつかまつりそうらえども》、我意を申、無聞入《ききいれなく》、其節立合人（中略）軍平儀ハ峻貞女房くめ之兄ニ御座候、立合之上、軍平申候は右様之我儘《わがまま》もの故、当人之望ニ可任趣《まかすべきおもむき》申候ニ付、左候《さそうら》ハヽ此方帳面除キ可参と申候所承知御座候

其節（離縁と決まり婚家を去るとき）、家財、穀物小屋、馬其外不残引取、家相渡し可申と申之候ニ付、右立合之者罷越見受候《まかりこしみうけそうろう》処ニ峻貞位牌斗《ばか》り捨置、戸障子等打破、台所ニ捨置申候

くめは婚家・親類の説得にもかかわらず、自分勝手にいったんは家督相続を拒絶した。離縁と決まり婚家を離れるさい亡夫の位牌を捨てたなど、悪口雑言を相手側から浴びせられている。反面、それはみずからが「公正」と信ずることは周囲の圧力に屈せず貫きとおす、「我儘」「我意を申」、村落の共同体の秩序に従わない女性であったということになる。

同族・親類・村役人、それに扱人の再三再四の説得に耳を貸さず、川越藩に上訴すること四度に及び、最後は本藩川越城下に乗り込んで直訴している。惣治郎の仕業になっているが、操っているのは母のくめである。後家の戯言《ざれごと》を押さえ込んだつもりが、妥協をいっさい排したくめの奇想天外の行動力に圧倒され、ついに三反四畝一五歩もの田畑の譲渡を認めざるをえなくなった。

常軌を逸した違法行為を繰り返しながら、御上の仁政の建前を巧みに利用しながら、合法として遺産相続訴訟に勝利したのである。これが江戸の平和の偽らざる真実である。ちなみにこの年、丈右衛門家は、三反四畝一五歩を弥次右衛門家に譲渡し、所持田畑五反に激減した。

## 村や町のトラブルの収拾

### 下総飯岡浜扱人飯岡助五郎による内済・示談

江戸の平和の二世紀半、もっともポピュラーな遺産相続の紛争について述べたが、それにも劣らない、村や町で頻発したさまざまなトラブルはどのように収拾されたのかを考えてみたい。

公権力は、殺人など凶悪な刑事事件をのぞき、民間で生ずるもめごとやトラブルには直接介入することは避けた。そこまで手がまわらないこともあって、村・町、地域の共同体、自治機能にまかせたほうが得策であった。上訴があっても、扱人を入れて内済・示談させる方式がとられた。圧倒的武力を背景に権威を誇示する幕府にして可能な、柔軟な支配であった。武士の駐留しない村や町では、社会秩序をつくってさまざまなトラブルに対応しなければならなかった。

村のトラブルの発生とその収拾について、「天保水滸伝」の舞台ともなった、下総国海上郡飯《いい》岡《おか》村（旭市）を事例に取り上げる（『大原幽学と飯岡助五郎』）。

飯岡村は下級幕臣の組与力（一四〇石余）と旗本長井氏（一二七石余）の無力な相給《あいきゅう》支配であるので、まったく領主の警察力に期待できない。他方、九十九里浜に面する飯岡村は地引網漁の中心地であり、干鰯《ほしか》の一大生産地であった。金肥干鰯の需要は高く、好況にわく飯岡村には、他国から移住する者も少なくなかった。

天保一四年（一八四三）の飯岡村は、旧来からの農業七九軒に猟師の移住者の多い漁業八四軒、ひと儲けしようと住み着いた商い渡世四一軒で構成されている。さらに漁期には、六〇〇人もの日雇《ひやとい》の水主《かこ》が流入してくる、活性化した村である。関東農村の変貌を見越した幕府が設置した、支配違いを超えて警察権を行使できる関東取締出役《かんとうとりしまりしゅつやく》の存在もあるが、役人複数に足軽・小者数人の巡回といった警察力では、治安に不安を抱えていた。

農業・漁業・商工業の利害が異なる定住者によそ者が入り込み、喧嘩などのトラブルが頻発する飯岡村は、独自の治安秩序を機能させる必要があった。そこに登場するのが、ささいなもめごとから殺傷などの犯罪にいたるまで、御上の手を煩わすことなく内済で処理する扱人であった。村政をになう村役人とは異なり、村内裏事情につうじ、腕も口もたち、背後に暴力装置を有する人物でなければ務まらない。

飯岡村の扱人といえば、表では地引網主三浦屋助五郎、裏では博徒《ばくと》親分飯岡助五郎の石渡助五郎である。助五郎は、寛政四年（一七九二）、相模国三浦郡公郷《くごう》村に生まれ、文政五年（一八二二）、飯岡村に移住、江戸大相撲の力士崩れの腕力にものをいわせ、地引網主三浦屋に成り上がり、裏では子分を抱え賭場《とば》で稼ぐ博徒の親分という、二足草鞋《わらじ》の顔役であった。これに目をつけた関東取締出役が手先の道案内に登用したので、助五郎は御上の十手持ちの権威をも手にした。種々のトラブル・紛争に首を突っ込み、扱人として内済にして収拾にひと役もふた役も買っている。その実態が公文書として光台寺《こうだいじ》に残されている。

**差上申一札之事**

一、私倅《せがれ》多兵衛事御宗判一条ニ付、心得違之義在之《こころえちがいのぎこれあり》、御寺様より御咎《とが》ニ預り、前非後悔仕、扱人ヲ以御詫申上候処、格別之御思召《おぼしめし》ニ而《て》御勘弁被成下難有仕合《ありがたくしあわせ》ニ奉存候《ぞんじたてまつりそうろう》、已来《いらい》之諸事旦家《だんか》同様ニ相勤可申候、為後日一札差上申候、仍而如件

天保十二年丑二月

飯岡浜
伝九郎㊞
倅 善蔵㊞
多兵衛㊞
扱人 助五郎㊞

光台寺様

惣御檀中様

村内伝九郎の倅多兵衛が光台寺の宗判を悪用したのか、寺から罰せられた。親に頼まれ、助五郎が間に立って、寺と檀家中に詫びを入れた一札である。「ここはひとまず、この顔建てて勘弁してやって欲しい」など、助五郎の決め台詞が聞こえてきそうな詫び証文である。

つぎに、他村間のトラブルの収拾に乗りだす扱人助五郎の実例をみてみる（向後太郎兵衛家文書）。

**差入申一札之事**

一　当月八日夕、惣左衛門酒店ニ而、平松村権左衛門行内《ぎょうじ》村六左衛門と酒狂之上、及口論《こうろんにおよび》候処、右六左衛門江手疵為負候《てきずおわせそうろう》ニ付《つき》、早速治療差加江、介抱いたし罷在《まかりあり》候処、組合村之役人幷《ならび》ニ其外扱人立入、病人其地江御引取、看病いたし呉候様相歎候処、格別之思召ヲ以御聞済被成下忝存候、然上《しかるうえ》は右治療之義は我等方ニ而引請《ひきうけ》、且病人家内為手当と金拾五両差出し、六左衛門義は其地江為引取、全《すべて》は酒狂より事起り候義ニ付、取縺《とりもつれ》之儀は扱人頼受、内済熟談仕候、依之為後日扱人連印一札差入申処如件

天保九戌年六月

権左衛門代兼
引受人　佐　兵　衛㊞
親類代兼　藤右衛門㊞
扱人飯岡浜　助　五　郎㊞
三川村　与右衛門㊞
組合六ケ村惣代
三川村　甚右衛門㊞
下永井村　惣左衛門㊞
塙村　利左衛門㊞

行内村
御役人衆中
親類組合衆中

飯岡村の酒店で居合わせた平松村の権左衛門が行内村の六左衛門と口論の末、手傷を負わせた事件の示談書である。被害者六左衛門の属する行内村役人と親類・五人組に加害者側と仲裁に入った扱人の助五郎、立合の組合六ケ村惣代が入れた一札である。治療費その他手当金一五両を六左衛門側に支払うことで内済熟談が成立した。

村違いのトラブルは、村同士の利害・メンツがからみ、丸く治めるのはなかなかむずかしかった。ここは顔役の出番である。助五郎が扱人となって示談に持ちこみ紛争を収拾したのである。喧嘩による傷害事件の示談であるが、手続きは後日に紛争が再燃しないように関係者の実印を捺された証文が取り交わされている。助五郎は善意のみで扱人を務めているわけでは毛頭ない。熟談・内済の証文が取り交わされ、晴れて一件落着となれば礼金が支払われた。しかし、その記載はなかった。

村を越えた紛争であっても公権力の介入を排して、というよりは力を借りずに収拾する民間秩序システムが、必要に迫られ、裏社会を飲みこむかたちで、構築されていたのである。

## 扱人上州玉村宿渡辺三右衛門

もう一例、上州例幣使《れいへいし》街道玉村宿外二四か村改革組合村大惣代《おおそうだい》、渡辺三右衛門を紹介する。三右衛門は文化四年（一八〇七）、福島村の歴代名主を務める家に生まれ、自身も若年から名主など村役を歴任してさまざまなトラブルの処理を体験した。その指導力を買われて弘化三年

（一八四六）、一二五もの宿村の治安をあずかる大惣代に入れ札で選挙された。

この地域も、飯売下女を置く脇往還《わきおうかん》玉村宿を基点に、蚕種・養蚕・生糸の繁昌にわく周辺村々が一体となって活性化し、治安警察に問題をかかえていた。

関東取締出役による取締りは、もっぱら無宿者・博徒の犯罪の摘発に注がれ、組合村内のトラブルは内済・示談の手続きによって未然に収拾することが求められていた。紛争を処理するには、仲裁役の扱人が不可欠である。三右衛門は、名主・大惣代の末端ではあるが、公役の地位に立ちながら、むしろにらみをきかせ、万《よろず》トラブルを引き受ける、いうならば顔役である。

三右衛門は、年貢諸役の収取、用水の確保などの公用に加え、つぎつぎと起こるさまざまなトラブルの収拾の詳細を「御用私用掛合筈其外諸日記」に書き残した。「御用・私用」公務と私的で行った「掛合筈」示談交渉の記録でもある。

天保一三年（一八四二）一月に持ちこまれたのが、玉村宿飯売下女誘引の一件である。飯嶋村次兵衛の倅廣吉が、玉村宿旅籠屋嘉助召し抱えの飯売下女やいを誘引、結婚したいと、親に連れられ三右衛門のところへ頼みこんできた。若者が遊女に通い詰め恋仲に、果ては一緒になりたいと駈け落ちしたのであろう。

飯売下女の人身には、雇主と人主（身元保証人）の実親・請人（保証人）との間に取り交わされた「飯売下女年季奉公人請状」に明記された重い契約上の制約がある。給金の代償に決められた年季奉公期間は、他出はもとより逃げだすなど決して許されない。駈け落ちとなれば、人主と請人が探しだして雇主の旅籠へ引き渡すか、行方不明と決まれば代わりの下女を差しだすか、受け取った給金を弁償しなければならない。

三右衛門はひとまず二人を自宅にかくまい、頭を冷やさせ、事態のむずかしさを説教する。いっぽうで雇主旅籠屋嘉助に、ことを荒立てずしばし待つよう説得する。この間三右衛門は廣吉の親・親戚、嘉助と熟談を重ね、下女やいに金二両の趣意金を持たせて嘉助に引き渡し、一件は落着する。

最悪の事態になれば、やいを連れ戻そうとする暴力沙汰、果ては給金の弁償をめぐって訴訟に発展、双方が損し、宿の治安は乱れることになるというのが、三右衛門の立ち位置であった。この示談にどのくらいの金銭が動いたかの記載はない。扱人の懐になにも入らないということは考えられない。

嘉永三年（一八五〇）、かの国定忠治一味の関東取締出役の吟味は、三右衛門が大物代を務める改革組合の寄場玉村宿で旅籠を貸し切ってつづけられていた。忠治のパトロン菊池《きくち》徳《とく》は捕らえられ、大坂屋弥平次の旅籠に留置されていた。徳は、宿内の箙屋《えびらや》平三郎におそらく博奕《ばくえき》の貸金が一〇両あった。一〇月九日、三右衛門は取り立てのようすをつぎのように記載している。

囚人とく、当宿簱屋半三郎ニ貸金有、但し金拾両と申義ヲ、関根屋三右衛門・大坂屋兵蔵両人ニ而取（扱）、金拾両之処両人ニ而弐両勘弁、残金八両ハ是非返済と申ヲ、我等取扱、尚勘弁申入、又三両貰フ、とくへ金五両ニ而皆済

とくの貸金一〇両を、関根屋三右衛門・大坂屋兵蔵が二両、渡辺三右衛門が三両上前をはね、半額の五両にして完済した。「鷙悍《しかん》の徳」といわれた女侠の上をいくハゲタカどもである。渡辺三右衛門は三両、三割を扱い料として貰った大物であった。公役のみならず博奕の貸金の取り立てまで扱人の影響力を及ぼしていた。

## 江戸の訴訟——内済で済まぬ江戸訴訟

### 国定村無宿忠次郎一件

もちろん民間の内済を認めず、摘発・逮捕・留置して吟味して判決を下す数多《あまた》の訴訟が江戸で行われた。立件するか否かは、幕府の治安警察上からの判断によった。そういえば、いままで江戸訴訟となった三つの事例を取り上げ、分析・詳述したことがあった。江戸訴訟の手続き・経過にしぼって平松義郎の名著『近世刑事訴訟法の研究』を参考に、要旨のみを紹介する（くわしくは『国定忠治』）。

まず国定忠治の一件である。人相書きが出まわり、指名手配の忠治は、嘉永三年（一八五〇）八月二四日、中風にかかって田部井村名主宇右衛門宅に潜伏、病臥中、関東取締出役中山誠一郎とその手先に急襲され、捕らえられた。同時に一味とされた一〇人もつぎつぎと逮捕された。関東取締出役は、大悪党を召し捕って積年の鬱憤《うつぷん》を晴らす大手柄を成し遂げたのも束の間、一一人もの囚人の収容・留置場所に苦慮した。一か月転々としたあと、九月二八日、玉村宿が引き受けることになり、五軒の旅籠屋《はたごや》に分宿、ようやく吟味がはじまる。改革組合二五の宿村は警

**国定忠次像**　足利藩勤王の絵師、田崎草雲の実写と言われる。

備の人足に駆りだされ、関東取締出役以下役人から囚人までその賄いに過重な負担を強いられた。

一〇月一五日、忠治と一味の罪状をくわしく尋問した口書（供述取調書）の作成が成った。これで関東取締出役は関八州の刑事訴訟を扱う江戸勘定奉行所への送致が可能となった。江戸送りが決まった八名は、その日のうちに唐丸籠《とうまるかご》八挺に乗せられ、東山道を江戸に向かう。一〇月一九日、忠治は囚獄小《こ》伝馬町《でんまちょう》の獄舎に入牢となった。

ここから勘定奉行池田播磨守頼方の吟味がはじまる。おそらく勘定奉行役宅の白州へ呼びだされての尋問であったろう。実際は、訴訟プロの評定所留役が奉行に代わって、玉村宿で中山誠一郎・関畝四郎が聴取した口書を下敷きに、供述に間違いがないかの審理がおこなわれる。かくしていよいよ結審するための供述録取書「吟味詰り之口書」の作成にかかる。

通例、担当する評定所留役はひとりであったが、注目度の高い大物の忠治には複数が当たったと経験者が語っている(『旧事諮問録』)。おそらく公事方御定書その他過去の判例と比較しながら、犯科重畳の忠治に相応する刑罰が検討された。

勘定奉行が下した結論は、信州街道大戸の関所を「除、山越」した関所破りの最高刑の「於其所磔」の仕置に決まった。これに文政九年(一八二六)、長脇差の悪徒取締りの法令違反が加味され、処刑場の大戸と忠治が悪事を働いた村々に科書《とがが》きの捨札《すてふだ》を立てることが付け加えられた。この捨札が写し、写されて全国に流布し、忠治を売り出すのにひと役買った。

勘定奉行がそのまま仕置を執行することは許されない。勘定奉行は老中に忠治を磔に処するにいたった判決理由を「仕置伺《しおきうかがい》」にまとめて提出し、裁可を仰がなければならない。忠治の磔の極刑が法に照らして公正であるか、最後のチェックである。

老中に代わって仕置伺の当否を審査するのが、博覧強記を誇ったプロの司法官僚「仕置掛奥祐《おくゆう》筆《ひつ》」であった。奥祐筆はいかなる事例についても、先例を三つずつ過去の判例のなかから繰りだす能力の持ち主であったといわれる。仕置伺に書かれた刑が妥当かどうか、厳重に精査するのである。検証の結果見解が異なれば、伺書を勘定奉行に差し戻すことになる。

かくして一一月、「国定村忠次郎品々悪事いたし候一件吟味仕候趣申上候書付」と題された仕置伺が老中宛に出され、裁許された。一二月、公事方《くじかた》老中牧野備前守忠雅から、刑場大戸に向け護送するため、囚人忠治の「宿次御証文」が発せられる。

此度国定村無宿忠次郎目籠入れ、従江戸《えどより》宿次を以差遣、泊ニおゐて食を喰ハセ、其所之もの番いたし、中山道通り上州大戸村迄急度《きつと》可送届《おくりとどくべき》もの也

亥（戌）十二月　備前印

右宿中

これを受け、十二月一日、勘定奉行池田頼方は関東取締出役に直達で命令を下した。

此度国定村無宿忠次郎義上州大戸御関所近所ニ於て磔申付候積、林部善太左衛門江申渡、支度整次第《したくととのいしだい》、同人方江《どうにんかたえ》相渡候筈《あいわたしそうろうはず》ニ付、途中幷彼地共異変無之様一同申合、取締方厚く心付、御仕置相済候趣承候ハヽ、其方共限宿継《やどつぎ》を以家来共迄《けらいどもまで》注進可致候《ちゅうしんいたすべく》、尤《もつと》も検使之義は善太左衛門手代両人差遣候筈之事

忠治は所轄の上州岩鼻代官林部善太左衛門に引き渡され、検使役は手代の秋汲平と秋葉堅次郎

に決まる。関東取締出役は配下の手先・道案内・岡っ引きを総動員して、道中「昼夜不寝番人差出、異変無之様心付、宿村ニは勿論外裏手迄も繁々身廻り非常は不及申《もうすにおよばず》、囚人へ荷担人と見懸候ハヽ無用捨差押」える厳戒体制を敷いて護送にあたった。

一六日江戸を発《た》った忠治の行列は、検使・警固役・関東取締出役・浅草弾左衛門支配の刑吏、それらに従う者、合わせて一〇〇人余の長蛇となり、大名行列に匹敵する異形の様相を呈した。かくして忠治は二一日、大戸の特設刑場において一五〇〇人余の観衆を前に、磔刑の見せしめの儀式を見事に演じ、四〇歳の壮絶な生涯を閉じた。

以上、忠治一件の江戸訴訟の経緯・手続きについて述べてきた。その特色を挙げるとすれば、逮捕から処刑までが異様に迅速で短かったことである。嘉永三年八月二四日から一二月二一日までのわずか四か月ですべてが処理された。それはなにゆえであったのか。

忠治が関八州悪党の博徒のシンボル的存在であり、極刑の磔は恰好の見せしめであった。「鉄は熱いときに打て」ではないが、御上の権威に真っ向から歯向かったアウトローが最期はこうなる、と人びとに見懲《みこ》らしにする大役をになわせたのである。しかしこの狙いが成功したかは疑問が残る。忠治に逆用され、遊俠の男伊達《おとこだて》を演じさせ、死して俠名を後世に轟かすまたとない機会を与えることになった。

それはそれとして、忠治の江戸訴訟は犯科重畳《はんかちょうじょう》でどう転んでも極刑間違いなしと思われていたが、関東取締出役・勘定奉行の吟味・審理・判決の過程に不公正な扱いは見当たらない。幕府の刑事訴訟の手続きをふんで合議を重ね、公事方御定書に沿った「公正」な裁きであった。

## 浪人大原幽学一件

下総の農村復興の指導者大原幽学《おおはらゆうがく》を摘発、江戸訴訟となった「浪人大原幽学一件」である。浪人幽学は、房総漂泊中、独自の「性（理）学」を唱えて遊説し、疲弊する村々の復興策を説き、多くの道友（門人）を集めた。天保八年（一八三七）、下総国香取郡長部《ながべ》村名主遠藤伊兵衛・良左衛門父子に乞われるまま定住、本格的に農村の復興の指導に乗りだした。成果が上がるにつれ、門人は下総東部の村々に拡大し、一大教団に発展した（『大原幽学と幕末村落社会』）。

嘉永二年（一八四九）には「性学」教団にふさわしい殿堂「改心楼」の建設が、門人の寄付と労働奉仕によって長部村の山を切り崩して大がかりにはじまり、翌年落成する。身元を明かすことなく漂泊の浪人として生涯を終わる定めの幽学は、表に姿を現した。身元不明の浪人幽学の影響力に不安を募らせた関東取締出役が摘発、江戸訴訟に発展する。

嘉永五年四月一八日、関東取締出役は改心楼に入門志望者をよそおって手先を乱入させ、傷害事件を起こし、双方の関係者を逮捕し、目当ての大原幽学と門人を審理の場に引きだした。六月、九か村二五人が差し紙を付けられ、銚子本城で関東取締出役の取り調べが行われた。事件に関係のない幽学門人が含まれ、狙いが幽学にあることは明白となる。関東取締出役には裁可する権限はない。勘定奉行へ送致しての江戸訴訟と決まり、八月から吟味がはじまった。江戸訴訟の当事者はあらかじめ出府して馬喰町《ばくろちょう》の公事宿《くじやど》に滞在し、呼び出しがあれば差添人《さしぞえにん》ともども腰掛《こしかけ》に出頭することが義務づけられている。原則として公事宿以外に宿泊することは禁止された。当事者・差添人などの関係者の路銀・宿泊費だけで膨大な費用を要した。

大原幽学肖像　大小に羽織・袴で正装した、いかにも武士の矜持に生きた浪人幽学らしい。

浪人大原幽学一件は、この時点から安政四年（一八五七）一〇月二三日の一件落着まで五年の歳月を費やしている。しかもこの間の審理は五回、白州吟味はわずか六回である。

この間、関係者は江戸に留め置かれ、無為に時間を浪費し、窮迫した者は、内職に精だし飢えをしのいだ。あまりにも忠治の江戸訴訟とはかけ離れている。これほどまで長期の訴訟になったのはなにゆえか。
結審を渋滞させたのは、黒船騒ぎなど勘定奉行所の多忙もあるが、幽学の審理のなかで身分をめぐって幕府内部の対立があったからである。幽学は一八歳の勘当の際、父から身元を生涯秘して主家・家族をもたず浪人として生きよと厳命されたといわれ、生涯出自を明かすことはなかった。旧尾張藩士説にせよ、確たる証拠はない。

浪人とはいえ武士である以上、身分を証明する由緒を記した先祖書、家系図などを必ず所持しているのが通例である。幽学は身分を証明する文書はいっさい持っていなかった。このまま身分不明となれば無宿とされ、石川島人足寄場《よせば》に収容されかねない。

そこで急遽つくられたのが、幕臣御《お》小《こ》人《びと》目《め》付《つけ》高松彦七郎弟であるという身分証明書である。幽学を助けようと、同志の高松は、天保一一年（一八四〇）二月付けの、幽学が居住する長部村役人に宛て、弟幽学の身分を保証するという一札を差し送った。江戸訴訟に備え、幽学長部村居住の年に合わせ、村役人と合作したものであろう。

大原幽学

右幽学儀拙者弟有之処、其村中より教導受度旨《うけたきむね》頼ニ付逗留《とうりゅう》罷在《まかりあり》候《そうろう》内《うち》、同人身分之儀ニ付

何様之儀出来候共《いかようのぎいできそうろうとも》、拙者引受其村方江難渋相懸申間敷《なんじゅうあいかけもうすまじく》候、為後日仍如件

天保十一子年二月

御小人目付

高松彦七郎㊞

長部村

名主　伊兵衛殿

組頭　惣右衛門殿

源兵衛殿

そして経緯をつぎのように取りつくろった（「本城村ニ而差出候先生始末書」）。

御本丸御小人目付高松彦七郎弟ニ而六歳之砌《みぎり》、尾州様御家来江養子ニ相越子細有之、拾八歳之節離縁仕《りえんつかまつり》、夫《それ》より浪人ニ而国々廻歴仕、去天保十一子年中長部村伊兵衛方江折々逗留いたし、心学同様之講釈仕（後略）

突如御小人目付高松彦七郎なる幕臣が現れ、じつは幽学は実弟で、六歳のとき尾州藩士の家の養子となったが、一八歳の折に離縁、浪人となって諸国巡歴、天保一一年から下総長部村名主伊兵衛宅に逗留して性学を講じていた。

尾張藩士の生まれという伝承に急遽実在の高松家を結びつけた、子どもだましのこじつけの身分証明に、敏腕をもってなる評定所留役がすぐさま疑いをもち、つぎつぎと矛盾点を突き、幽学は身元不明の無宿ではないかと迫った。

証拠として提出された身分証明書が虚偽となれば、これを発した高松彦七郎の御小人目付の地位のみならず、これを認めた上司足立鉄平、さらに二人が属する十人目付のメンツが丸つぶれとなる。幕閣二代勢力の目付と勘定奉行との対立に発展した。目付あげての反撃に、勘定奉行所は訴訟を当座棚上げにして対抗、かくして嘉永六年七月をもって訴訟は中断、担当の評定所留役が交代して安政四年四月に再開されるまで約四年、店晒《たなざら》し状態となった。

一件の判決は、公事方御定書どおり、発端となった改心楼乱入事件には乱入者に「敲《たた》きの上所払い」ときびしく、幽学を居住させた長部村名主には過料銭三貫文の微罪を申し渡している。幽学は高松身元保証書が受理され、押し込め一〇〇日、兄高松彦七郎預りですんだ。

しかし、肝腎の改心楼は取り壊し処分となった。なにより五年という長期の江戸訴訟のため生じた一一五六両余の借金が、究極、幽学を自決に追い込むことになった。

幽学といえば、幕府の不当な弾圧で死に追いやられたというのが通説となっているが、江戸訴訟を冷静に分析すれば、関東取締出役の別件逮捕のための事件の捏造《ねつぞう》などがあるが、勘定奉行所の審理のみを取り上げれば、「公正」に行われていた。むしろ幽学の身分を苦しまぎれに捏造したところに、長期化の要因があったように思われる。

## 「永左衛門一件」――武州石原村無宿幸次郎一件の余波

「永左衛門一件」なる江戸訴訟は、前述の忠治・幽学のような当時耳目を騒がせたものではない。嘉永二年（一八四九）、武州熊谷から甲斐・駿河・東海、最後は信濃まで荒らし回り、幕府当局を震撼させた無宿幸次郎とその一味の捜査・逮捕・吟味のなかで摘発された、末端の事件の江戸訴訟である（『江戸の訴訟』）。

嘉永二年八月二一日、幸次郎と敵対する伊豆大場村無宿久八の子分の一団が、駿河国駿東《すんとう》郡御宿《みしゆく》村の源右衛門宅を襲い、客分として滞在していた幸次郎一味の無宿惣蔵を切り殺し、忽然《こつぜん》と姿を消した。惣蔵の死体の処理に困惑した源右衛門は、ひそかに無住の向西寺に埋めてしまう。

あとで知った名主吟右衛門は事の重大さに驚き、当事者・五人組に事情を聴取し、領主荻野山中藩松長陣屋に出向き、「内片付」とすることで了承を得る。のちのちトラブルになったときのため、変死人惣蔵の身元引受人と当事者源右衛門・組合から「御苦労相懸不申」との一札を取っておいた。その上で無宿人を泊め、変死させ、死体を無届けで埋めた張本人源右衛門を「不埒《ふらち》者《もの》」として百日閉門、組合・親類を七日間の閉門の処分を下した。

源右衛門は帳外れにして村と縁を切らせ、出奔させた。永尋《ながたずね》の末源右衛門は無宿となったので、この一件の当事者は父親の永左衛門となる。

幸次郎一件は、関東取締出役・韮山《にらやま》代官・甲府勤番《きんばん》まで引っ張りだし、広域に渡る無宿の犯罪に弱点のある幕府の治安対策を露呈した。各地で大捕物が展開し、捕らえられた一味は即江戸勘定奉行に送られ、迅速な吟味がおこなわれた。一二月、幸次郎ほか一人は獄門、一味一〇人は死罪に処せられ、早々に刑場の露と消えた。

これで一件落着と思いきや、勘定奉行は丹念に関連事件まで捜査の手を伸ばし、関係者を根こそぎ洗いだし、事件の徹底解明に乗りだした。追及の手が御宿村の惣蔵殺しまで及んでくる。幕府の治安警察も捨てたものではなかった。ついに嘉永三年、御宿村名主吟右衛門のもとに江戸馬喰町四丁目佐野屋惣左衛門から、勘定奉行池田播磨守頼方が発した永左衛門と名主組頭の召喚状の差紙が届けられた。江戸訴訟の宣告である。

これから翌嘉永四年六月二一日の一件落着までの一年四か月の間、吟右衛門は三度にわたり二〇八日間公事宿に滞在した。永左衛門をはじめ関係者もほぼ同様であった。この間勘定奉行所腰掛に出廷したのはわずか一九日であった。幽学一件にくらべれば約四年の短縮であるが、それにしても拘束時間は長い。

判決は、公事方御定書条文どおり、先例にくらべ、きびしくも甘くもなかった。

一、変死幷手負候ものを隠置、不訴出、其外病人等隣町へ送遣候におゐては
　　店借地借家主
　　　過料五貫文
　　五人組
　　　過料三貫文
　　名主役儀取上
　　　過料五貫文
但し、地主家主名主五人組不存におゐてハ、無構、在方も右同断

永左衛門と家族は、当事者の源右衛門が出奔したので、本来は過料五貫文のところ。急度御叱りに軽減された。名主吟右衛門・甚平は役儀取上・過料五貫文、組頭は過料三貫文、親類・組合は過料三貫文であった。前に触れた吟右衛門の裏工作が必ずしも功を奏したとはいえないが、むしろ訴訟の長期化を防いだことはあったかもしれない。

しかし、江戸訴訟は落着後に禍根を残す。ここでも幽学一件同様、金二四一両余の訴訟費用が重くのしかかってくる。負担をめぐって村内は紛擾《ふんじょう》する。費用はすべて村が負うのが決まりなので、御上はまったく関知しない。立て替えざるをえない名主になり手がいなくなる事態が生じていた。

## 秘密法典「公事方御定書」は知られていた

少ない事例ではあるが、江戸訴訟の判決は公事方御定書の条文どおりであった。近代の司法制度に比すれば問題点が多々あろうが、法によって「公正」に裁かれていたと見なしてもよいのではないか。不法な介入によってゆがめられることはなかったと考えられる。もちろん、あくまでも公事方御定書の上での「公正」であることはいうまでもない。

公事方御定書は、享保五年(一七二〇)、八代将軍徳川吉宗が犯罪と刑罰に関する「大概定法」

を定めるよう命じたことにはじまり、評定所《ひょうじょうしょ》を中心に編纂がつづけられ、寛保二年（一七四二）、成立をみた。上巻は八一か条からなり、書付・触書・高札を原形のまま配列した法令集である。下巻は一〇三か条からなる刑法・刑事訴訟法の規定であり、罪状とそれに対応する刑罰が書かれている。幕府の法令のなかではわかりやすい。一般に「御定書百箇条」といわれるのは下巻である。

公事方御定書の制定は、先例主義の慣習や裁判官ともいうべき三奉行などの常識的判断に委ねられていた旧来の裁判に対して、成文の法律を定め、これを適用することによって裁判を公平円滑におこなおうとした意味で、江戸の平和史上画期的なことであった。

ところが公事方御定書は公布されることなく、秘密のヴェールに包まれていた。公事方御定書は奥書に「奉行中之外、不可有他見者也」と書き込まれ、成立当初から秘密法典であった。世に名高い「御定書百箇条」は、一度たりとも公刊されたことがなかった。

原本の寛保二年の将軍墨入本は伝わらず、その後清書されたという将軍座右本・御用部屋本・評定所本の三部があるだけであった。評定所一座の三奉行とて、在職中に限って評定所本から作成された副本を与えられた。実際に裁判に当たる三奉行の下僚たちには、奉行用の副本を参照することしか許されなかった。

天保一二年（一八四一）、あらたに「棠蔭秘鑑《とういんひかん》」と題して写本一三部が作成されるが、評定所留役・寺社奉行支配吟味物調役に在職中のみ閲覧が許可された（平松義郎『近世刑事訴訟法の研究』）。

これでは、つぎつぎと押し寄せてくる膨大な江戸訴訟の実務に支障が生じ、渋滞、混乱するのは目に見えている。しかし、幕府・諸藩をはじめ民間にあっても公事方御定書は知られていた形跡が多々ある。

公事宿に長期に滞在、江戸訴訟に悩まされた御宿村名主湯山吟右衛門は、ひそかに公事方御定書を写し取って帰村していた。湯山家の所蔵史料のなかから、仰々しく「富峯《ふほう》巽《たつみ》御宿《みしゅく》里《のさと》湯山氏蔵書」の蔵書印が捺された「秘密録全」と謎めいた表紙の分厚い冊子がみつかった。裏表紙には、湯山家の家紋の下に秘密の謎を解くキーワードが記されていた。

嘉永三庚戌年五月

東都馬喰町弐丁目

山城屋弥市方にて

写取之

㊞　㊞

駿州

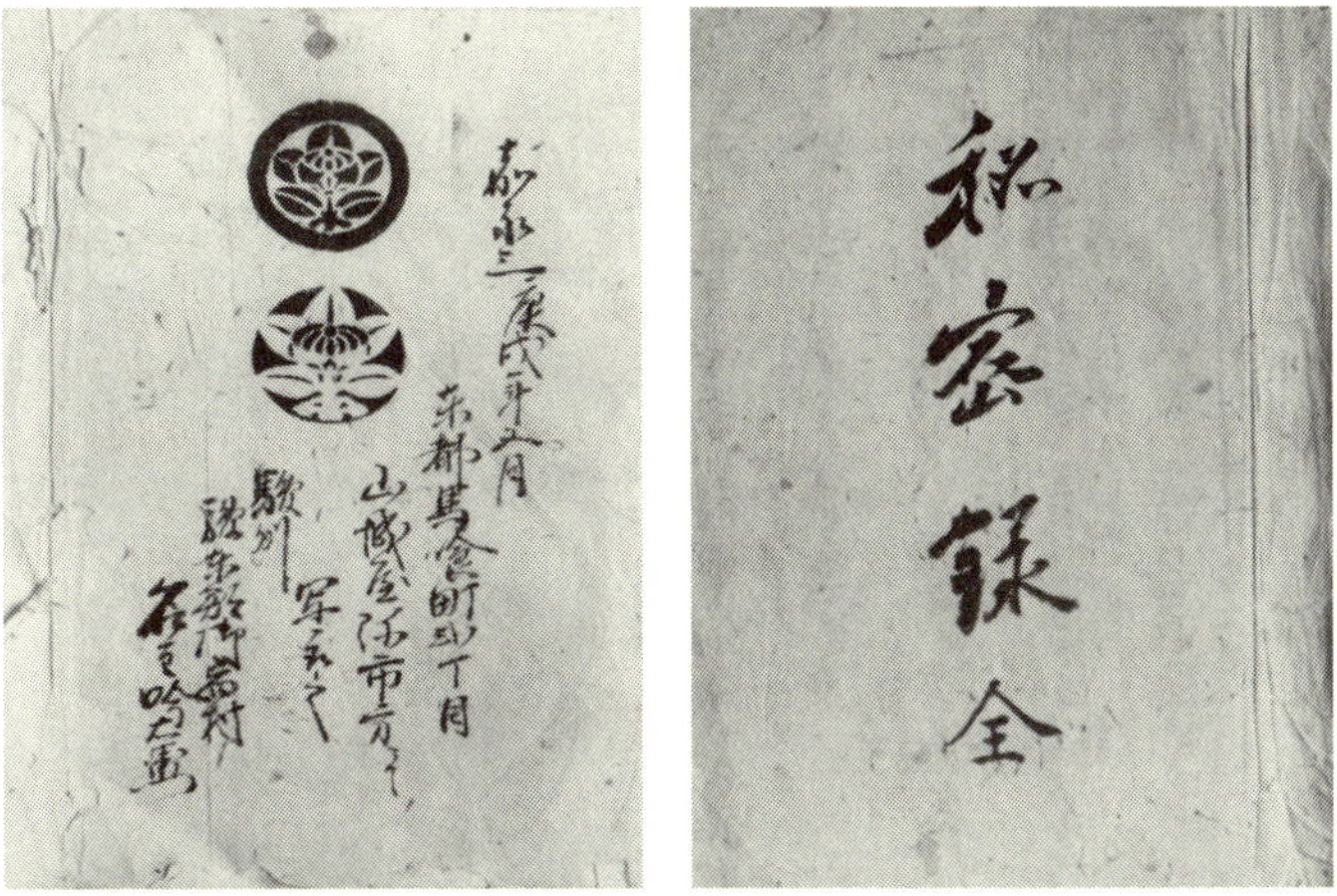


**秘密録表紙(右)と裏表紙(左)**　中味は老中・三奉行とはいえ所持厳禁とされた「公事方御定書」。江戸訴訟の逗留先の公事宿で写し、持ち帰った。

駿東郡御宿村
名主吟右衛門

中味はまぎれもなく公事方御定書一〇三か条を写したものであった。

たしかに嘉永五年五月、吟右衛門は山城屋弥市の公事宿に滞在していた。頼み込んで礼金をはずんで写し取ったのであろう。これは表には絶対出さないで下さいよ。念には念を入れて約束させられたであろう。まさに門外不出の「秘密録」であった。

しかし、吟右衛門だけが恩恵に預かったわけではあるまい。公事宿は営業の一環として、地方から出府・滞在する訴訟関係者に料金をとってひそかに写させていたのではないか。これを三奉行などは見て見ぬふりして見逃していたとも考えられる。そのほうが煩雑をきわめる江戸の訴訟はむしろ円滑に処理されたのである。

秘密法典「公事方御定書」は「秘密録」と称して公事宿を介して写し取られ、またそれからあれへと写本となって、民間に流布していたのである。

建前は秘中の秘であっても、本音のところではあまねく公事方御定書は布告されたも同然であった。江戸の平和の紛争収拾の隠れた功労者であった。

# 第五章

# 支配秩序とアウトロー

# 幕府のアウトロー支配

## アウトローとは

江戸時代も、支配の側面から幕藩体制といったいかめしい呼称から切り取れば、一分の隙もない厳格な支配秩序が連想されるが、実態は個々人を直接掌握するシステムになっておらず、村・町共同体を基盤にした緩やかな間接支配であった。これを可能にしたのは、居住地と密着させた身分制度の徹底である。

一方では、二世紀半の長期の江戸の平和は、さまざまな身分の人びとのさまざまな営みによって身分制度の縛りを越え、変容を遂げていったことも事実である。一部には支配秩序から逸脱し、さらに反社会的存在に成長する集団も現れてくる。江戸時代のアウトローである。アウトローとは具体的にどのような存在の人びとであったのか。江戸の平和は、アウトローとどのように向かい合い、包み込んだのか。幕府の取締り法令から、まずはみておく。

まず浮かぶのは浪人である。正常に身分制度が機能するためには、武士でいえば主家を持ち、禄を食《は》む存在でなければならない。主家が改易《かいえき》され禄を失えば、明日の糧《かて》も欠く浪人となる。苗字帯刀を許され、武力を身分の証《あかし》とする以上、主家奉公という支配秩序の縛りから解き放たれた浪人には、アウトロー化したときの危うさが潜んでいる。

元和偃武《げんなえんぶ》から三六年、慶安事件が勃発する。慶安四年（一六五一）、由井正雪・丸橋忠弥を首領に千余の浪人を結集し、徳川幕府を転覆する反乱計画があった。未然に洩れて鎮圧され、関係者は処刑、戦国乱世最後の遺風は夢幻で終わった。

その後、乱世を一掃する武断政治は、大名相続に末期養子《まつごようし》が容認されるなど緩和され、浪人が権力奪取に向かう意気込みは消滅した。そうはいっても、アウトロー化の危険因子を内在している限り、治安警察上要注意の存在であった。幕府の浪人対策から追ってみる。

享保二年（一七一七）、「江戸十里四方住居之浪人」の人別を改め、証文を取って吟味している（『牧民金鑑《ぼくみんきんかん》』下巻）。幕府は、浪人が多く集まってくる巨大都市江戸と後背地関東の浪人を警戒している。

明和五年（一七六八）には、「武州那賀郡之内村々へ近年浪人体《てい》之もの合力乞《ごうりきをこい》、ねだりケ間敷《がましく》」と、浪人風体が動きだし、江戸から村を廻って金銭の合力を要求している（『牧民金鑑』下巻）。

安永三年（一七七四）になると、「近年浪人抔《など》と申、村々百姓家へ参、合力を乞、少分の合力銭など遣候得《やりそうらえ》は悪口いたし、或《あるいは》一宿を乞、泊、病気抔と申、四五日逗留いたし」、合力から止宿、逗留するまでに増長している（『牧民金鑑』下巻）。二本差の浪人が徒党ともなれば、武力を持たない無防備な村・町にとっては脅威であり、強要に応じざるを得ない。

三八年後の文化九年（一八一二）にも、「浪人体之者村々徘徊いたし、合力止宿を乞、或は悪口難題申掛」と再令、注意を喚起している（『牧民金鑑』下巻）。

浪人が関東農村の治安維持にとって障害となってきた。浪人問題は、後述する浪人とほぼ並行して幕府を悩ませた無宿・博徒の動向と密接に結びついてくる。

## 無宿片付之事

幕府は、支配体系の末端組織の村や町に居住する百姓・町人身分の者すべてを登録する宗門人別帳を名主に命じ、毎年作成し、戸籍台帳とした。

家を出て村を離れ、行方不明とされた者は除帳され、無宿となる。多くが江戸をはじめ大都市の雇用労働に吸収されたが、一部は反社会的集団と化してアウトローとなっていく。幕府の無宿対策から、彼らの存在と動向が明らかになる。無宿に着目したのは、宝永六年（一七〇九）、「無宿片付之事」からである（『徳川禁令考』前集五の三四〇九）。

無宿片付之事

覚

一、最前より捕置候無罪之宿なし共免之、在所片付所も有之《これあり》、可罷越《まかりこすべし》と申《もうす》ものハ、可為心次第候事

一、片付所無之と申ものハ、非人手下ニ可被申付候事《もうしつけらるべくそうろうこと》

一、宿なしもの之儀、科《とが》有之ハ格別、左《さ》も無之、無宿一通り之ものハ、向後《こうご》捕候ニ不及候事

江戸でおこなった無宿狩りの後処理にあたって、はじめての規程であろう。帰る先のある無罪の者は釈放、ない者は非人手下に編入するとしたうえで、今後は犯罪者でなければ無宿は捕らえるには及ばないとした。この路線は踏襲され、「公事方御定書」で定着する（「徳川禁令考」別巻）。

従前々之例

一、可相渡筋有之者　　引取人呼出シ、可相渡

享保九年

一、引取人無之者　　門前払

注目すべきは、享保九年（一七二四）、引取人のいない無宿であっても「門前払」としたことである。「奉行所門前から払遣す」ことで、事実上の釈放、いわば無宿を包含、許容する支配体制をとったことになる。

延享二年（一七四五）、門前払の無宿がうごめきはじめる。「道中宿々」の「往来者」にまぎれて「無宿体之者」が「盗賊火付等之悪党者」を構成していると取締りを命じている（『徳川禁令考』前集六の三五三〇）。

安永七年（一七七八）には、「近年御当地並近国共、無宿数多《あまた》致徘徊候故《はいかいいたしそうろうゆえ》火付盗賊も多、騒《さわが》敷儀《しきぎ》共《ども》世上一統之難儀ニ相成候」と「無宿体」から「無宿」に格上げされ、幕府は対策を迫られている。幕府は、「こらしめのため此度無宿共厳敷召取《きびしくめしとり》、佐州《さしゅう》江差遣」、捕らえて佐渡金山の水替《みずかえ》人足《にんそく》の懲役を科すなど、対応に苦慮している（『牧民金鑑』下巻）。

寛政一〇年（一七九八）ともなると、「通り者」とみずからを名乗り、独自に開発した長脇差《ながどす》で武装、異形の扮装をした反社会集団に変貌を遂げた。

関東在方ニおゐて同類を集め、通り者と唱へ、身持不埒之者《みもちふらちのもの》共を子分なと丶号し抱置《かかえおき》、或ハ長脇差を帯し、目立《めだち》候衣類を著《ちゃく》し、不届《ふとどき》之所業ニ及び候者有之由相聞候《これあるよしあいきこえそうろう》

「関東在方」で「同類を集め」、「子分」を抱え置くとなれば、博奕《ばくえき》を生業《なりわい》とする博徒集団のことである。無宿を親分・子分の親子の擬制関係に組織化し、厳禁された博奕を裏稼業に増殖していく。関東の流通拠点各所に個別のテリトリーの縄張りをつくって群生し、利益をめぐって対立、喧嘩を繰り返す。一方で、手打ちで収拾、系列化がおこなわれ、独自な裏社会、アウトローのネットワークを形成していった。

## 関東取締出役の設置

幕府は文化二年（一八〇五）、関東代官の手付・手代のなかから関東取締出役を選任し、関東一円（水戸藩領はのぞく）の天領・私領を問わず立ち入り、捜査・逮捕できる権限を付与し、治安警察の取り締まりに当たらせた。しかし勘定奉行支配、代官より低位な役職のうえ、配下は足軽・小者数人という警察力は弱体であった。関八州の広大な領域を複数で廻村しても、簇生《ぞくせい》、跋《ばっ》扈《こ》する無宿・博徒に対して無力といわざるを得なかった。

文政九年（一八二六）、「鎗《やり》鉄砲等携候者ハ勿論、長脇差等を帯し、又は所持致候者ハ、悪事之有無、無宿有宿之無差別、死罪其外重科ニ行ハるゝ間、其旨相心得候様」と、武器を携帯・所持する者はそれだけで無宿・有宿を問わず召し捕り、死罪以下の重科に処すと宣告し、触書を関東各所の高札場・村役人宅前に張って徹底周知させるよう命じた（『牧民金鑑』下巻）。
翌年関東のすべての宿町村を改革組合に編成し、関東取締出役に付属させる大改革を実施した。組合村は取締りの拠点となる宿村を寄場とし、周辺の村々を包括する地域自衛圏を形成する。みずからの圏内の治安は組合村々が連携して守るという主旨である。関東取締出役は、改革組合の力を借りて、武装したアウトローを抑え込もうとしたのである。

## 支配秩序と民間秩序

無宿・博徒からみた江戸の平和の時代と社会はどのようであったろうか。幕府は犯罪者でなければ、捕らえた無宿を門前払いにして娑婆《しゃば》に返した。犯罪予備軍である無宿が有宿の世界に居住して生活することが許容されたのである。

そこには非合法の博奕《ばくえき》を生業とする博徒の親分クラスが百姓町人の人別を持ち、無宿を子分に吸収して一家を構え、割拠して独自の秩序をつくろうとしていた。しかし、幕府権力に抵抗し、打倒しようなどという政治性は、まったくといってよいほどなかった。両者の力関係に折り合いがつけば、幕府権力とアウトローの一種の棲み分けが生まれた。

関東取締出役と改革組合による治安維持の内部の実態に、両者の棲み分けが隠れているように考えられる。支配秩序と民間秩序の共棲である。公の表の秩序とアウトローの仕切る裏秩序を共棲させて治安の安定をもたらそうとする意図があったのではなかろうか。もちろん内紛の絶えないアウトローの不安定さと朝令暮改の幕政の矛盾を抱え込んだうえでの平和である。

改革組合は、全体を総括する大惣代の下に数か村をたばねる小惣代を置き、末端村名主によって編成された。事件処理の費用は、関東取締出役その他の飲食・宿泊など出張の公費の手当は一部あったが、囚人の留置などに必要な人足の動員などほとんどが組合の持ち出しであった。

また警察活動を行ううえでも、組合の力に頼らざるを得なかった。手先になったのが悪名高い道案内であった。多くが組合村から推挙されたが、蛇の道は蛇で、裏社会につうじた博徒、それも表の顔ももつ二足草鞋《わらじ》であった。このことが支配秩序の単層でない複雑さ、二重構造にしてグレーゾーンを抱え込んでいることを暗示している。

グレーゾーンの賭場を抑えようとする二足草鞋と喧嘩出入りとなり、関東取締出役に敵対する博徒が現れる。下総東部、利根川下流域で繰りひろげられた「天保水滸伝」の構図は、関東取締出役・道案内博徒飯岡助五郎と一匹狼型博徒笹川繁蔵・勢力《せいりき》富五郎の抗争であった。

それではアウトローはいかにして独自の民間秩序をつくったのか。おぼろげながら実像を垣間見ることが可能な博徒について追求してみたい。

# アウトロー社会の成立

## 博徒の増殖と一家の形成

博徒は、親分・子分・兄弟分といった擬制関係を結んで、親分を頭に一家を構える。その実態を明らかにするのはむずかしい。非合法の裏社会に棲息する博徒は痕跡となる文書は残さない。口頭伝承の稗史《はいし》の世界であるが、まれに文書・記録に登場することがある。それらを拾い集め、アプローチを試みたい。

清水次郎長には、旧平藩士天田《あまだ》愚庵《ぐあん》の筆になる『東海遊侠伝』という伝記がある。禅僧の歌人として知られるインテリの愚庵は、五郎と名乗った若き日、戊辰《ぼしん》戦争の渦中に行方不明になった両親・妹を探して諸国を放浪、山岡鉄舟《てっしゅう》に紹介され、次郎長の知遇を得、その養子にまでなった。『東海遊侠伝』は、次郎長が愚庵に直接語った自伝ともいうべき侠客武勇伝で、博徒側から書かれた稀有な記録である。明治一七年（一八八四）の作であるが、無宿・博徒のアウトローを第三者から客観視した貴重な文献である。

愚庵は、博徒清水次郎長が「大侠」であった良き時代を、つぎのように総括している。

当時世運既ニ澆季《ぎょうき》ニ属シ、民政《みんせい》治ラズ、諸藩区々各々処置ヲ異ニス。而シテ其侠客ナル者、皆自ラ名籍ヲ削リ以テ去就ヲ擅《ほしい》マヽニス。之ヲ無宿ト称ス。無宿ノ者、其死其生、官司概《おおむ》ネ聞知《ぶんち》セズ。其互ニ相殺戮スルモ、処置自ラ常人ニ異ナルアリ。是ヲ以テ仁侠ノ徒、此地ニ在テ事ヲ起シ、逃レテ他境ニ入レバ、則チ復タ追捕《ついぶ》ノ虞《おそれ》ナシ。故ニ其身ヲ全《まっとう》シ、屡々《しばしば》大闘ヲ為スヲ得。

無宿が発生、増殖して「仁侠」もって飾る博徒に成長する要因は、無宿の「其死其生、官司概ネ聞知セズ」という幕府の放置「片付け」政策にあった。無宿が独自の棲息領域をつくり、そこで博徒同士の殺し合いの喧嘩が起ころうとも、幕府はこれに関知せず、取締りの対象としなかった。門前払いされた無宿は、正々堂々と侠客風を吹かせたわけである。

さらに一家を構える博徒が簇生《ぞくせい》・割拠、争闘を繰り返すことを可能にしたのは、「諸藩区々各々其処置ヲ異ニス」とあるように、天領・藩領・旗本知行所の錯綜した入り組み支配の弱点にあった。大小、広狭の支配地それぞれの領主に警察・裁判権があった。他領に逃げれば追捕されることはなかったというのである。

幕府ノ末世ニ当リ、天下驕惰《きようだ》ニ流レ、緩急節ヲ失シ、無頼ノ民、浮浪ノ士、少シク気骨アル者ハ、所在名ヲ掲ゲ、傲然《ごうぜん》自ラ俠客ト号シ、以テ勢力ヲ競フ。東海、東山、北陸ノ三道、最モ甚シトナス。而シテ之ヲ制スル能《あた》ハズ。賊ヲ拿《だ》シ盗ヲ捕ル。却テ其力ヲ借リ、以テ便ト為ス。

世は幕末、無宿・博徒・浪士のアウトローのなかから俠客と公然と名乗りを上げ、覇を競い合う日本版「水滸伝」の時代が到来したのである。御上はこれを真っ向からは鎮圧できず、むしろ彼らの力を借りて面目を保っている。

## 博徒一家の規模

それでは「傲然自ラ俠客ト号シ」勢力争いを繰りひろげた博徒集団の規模、人員はどのくらいであったろうか。二、三探ってみよう。

国定忠治は、次郎長の『東海遊俠伝』より古く、幕府代官経験者の学者官僚羽倉外記《はくらげき》が著作した本格的伝記『赤城録』がある稀有な博徒である。縄張りの「盗区」ができた当初、「乾児《こぶん》五、六百」とあるが、くわしい構成はわからない。股肱《ここう》の幹部クラスの子分は一〇人列挙されている。

日光円蔵、八寸犀乙（才市）、山王民五、三木文蔵、竟川安五、武井浅二、秀吉、桐晁、鹿安、
阿辰婆等股肱為リ

異名の上、漢文名のため明確さに欠けるが、それぞれが代貸《だいがし》として子分を抱えて小一家を構えているると推測される。それらを含めても、忠治一家の「乾児五、六百」はやや過大であるが、敵対する博徒の賭場を荒らし、関東取締出役の捕手《とりて》に真正面から闘いを挑んだ忠治は、それに近い動員力を持っていたとも考えられる。

飯岡助五郎には、弘化三年（一八四六）、生まれ故郷相州三浦郡公郷村名主永嶋庄司に差し出した「異国船渡来ノ節ハ必死ヲ極メ差働」く「人数百五拾人」の名簿がヒントになる。公郷村は異国船防備の最前線浦賀番所に近接する。かつて恩顧になった名主様に下総九十九里で大親分になった助五郎が、いざ鎌倉ではないが、いいところを見せようと、子分どもを率いて馳せ参じますと提出した、いわば兵員リストである。

まず「石渡戸《（ママ）》助五郎寄子拾人、同与助同拾人」の助五郎親子につづいて、二一人の代貸クラスの子分の寄子一三三人がリストアップされている。これらに「外ニ手下ノ者共」として一の子分石松ら二二人が列挙される。この二二人は助五郎直属の子分であろう。全員を合計すると、

**清水次郎長乾漆像**　山岡鉄舟が再興した清水の鉄舟禅寺にある。

一五〇人を上回る一七六人にたっした。

清水次郎長一家は、一家を構えた弘化四年から明治二六年（一八九三）に没するまで『東海遊侠伝』に記載された子分数を摘出したところ、七六人にのぼった。大政・小政、吉良仁吉・森の石松ら、時には親分を凌ぐ、錚々《そうそう》たる個性的子分が含まれている。

ほとんどが直系の子分で占められ、動員力を考えれば数字は少なくとも一〇〇人台を越えるであろう。治安警察上、看過できない脅威となる規模である。

## 縄張りの形成

子分を養い、一家を経営する基盤・地盤となったのが、縄張りである。国定忠治の『赤城録』からその経緯が明らかになる。羽倉は、忠治を捕らえて取り調べた関東取締出役中山誠一郎の上司であった関係から、信憑性は高い。

忠頴《えいご》五ト地ヲ分チ、博税ヲ収ム。客賭場ヲ開ケバ、便《たちま》チ兵仗ヲ持シ、場銭ヲ打劫ス。時ニ殺傷有リ。然レドモ約束極メテ厳シク其徒私ニ民家ノ一物ヲ取ルヲ聴《ゆる》サズ。籍有ル子弟私ニ乾児為ルを聴サズ。父兄来リテ嘱《しょく》サレバ之ヲ聴ス。然レドモ亦博場ニ入ルヲ許サズ。日ニ使役、其ノ苦ヲ厭《いと》ヒテ家ニ帰ルヲ乞フヲ竢《ま》ツ。丁寧ニ訓誨《くんかい》シ、畎畝《けんぽ》ノ事ト令《せ》シム。是ヨリ先赤城四周称シテ盗区為リ。忠此ニ来ルヨリ穿窬《せんゆ》跡ヲ絶ツ。民戸夜ニ開ク、是レヲ以テ土人忠ヲ仰グコト父ノ如ク、臥ニ至リテハ必ズ赤城ヲ首ス

忠治一家は、頴五こと大前田栄五郎と分割した縄張り内の賭場から揚がる寺銭《てらせん》の収入で支えられていた。したがってほかの博徒が勝手に賭場を開いて縄張りに侵入すれば、即刻子分を率い武力で破壊、追いだした。時には相手を殺傷するほどの武闘派博徒であったが、一家内の秩序はきびしく、子分が堅気の住民の家から私に一物たりとも取ることを厳禁した。

村の若者を子分にすることは許さず、親に頼まれた場合のみ預かって、賭場には入れず、家に帰りたいと申し出るまで終日徹底して苦役を課してしごいた。「畎畝（農事）」にいそしめと、己を反省したのか、ていねいに訓誨した。縄張り内の秩序は整然として、人心は忠治に収斂《しゅうれん》する。

「赤城四周」の「盗区」には「穿窬（こそ泥）」一匹入り込めない。家々は夜、戸を開けたまま眠りにつく。赤城四周の民百姓は忠治を父のように仰ぎ見て、夜床に就くときには赤城山の方向に頭を向けて寝た。

忠治は関東取締出役と通じて縄張りを確保する方策はとらず、敵対関係にあったため峻厳な内部秩序を敷き、「盗区」内住民の支持を獲得した。忠治のような独立、割拠した縄張りはめずらしく、つねに官憲の手入れを警戒し、競合する博徒と闘わねばならず、最期は磔《はりつけ》に処せられた。

官憲の手先になって二足草鞋《わらじ》を履く博徒も多かった。流通拠点に簇生、縄張りと子分の一家を編成した博徒は、喧嘩・手打ちを繰り返しながら、ネットワークで結ばれたアウトロー社会を形成していったのである。

## 系列化と対立——喧嘩と手打ち

アウトロー社会のグレーゾーンの実態は、くわしくはわからない。実録本の俠客物、語りの講談・浪曲といった大衆芸能の独壇場で、歴史学がフォローするのは困難である。いくつか断片であるが、天田愚庵の『東海遊俠伝』から、喧嘩と手打ちを繰り返し、系列化して膨張していくありさまを瞥見《べっけん》できそうである。。

文久元年（一八六一）、東海道は日坂《にっさか》・金谷《かなや》宿の間宿菊川《きくかわ》で催された次郎長と金平の手打ちの大仰な儀礼が、博徒の規模・対立・系列の一コマを切り取って映しだしてくれる。金平は赤鬼の異名を持つ下田本郷村の博徒で、前年沼津から渡海して次郎長を急襲していた。次郎長は、子分石松を謀殺した金平系列の都田吉兵衛を、江尻追分で斬殺していた。

> 会同スル者、凡《およ》ソ四百余人、一駅塡塞《てんさい》ス。盟主ハ即チ我レニ在テハ、清水ノ長五郎・江尻ノ熊五郎・大政ノ五郎・小政ノ五郎・相撲ノ常吉・吉良ノ勘蔵・矢部ノ清吉・寺津ノ関三郎。彼レニ在テハ、赤鬼ノ金平・黒駒ノ勝蔵・源八ノ常吉・同キ梅吉・函根ノ二郎・下田ノ安太郎・吉良ノ番作。其調停ニハ、大和田ノ友蔵・日坂ノ栄次郎。其刀監《かたなあずかり》ハ橋本ノ政吉。而シテ丹波屋ハ会幹《きもいり》ナルヲ以テ、別ニ一席ニ就《つ》ケリ。

手打ち式に集まった博徒は四〇〇余人、正規の宿場ではない間宿を使ったのは、御上を配慮したものであろうが、それにしても「一駅塡塞」、一宿を四〇〇人もの武装した博徒が占拠する事態は物騒で不気味である。

次郎長方は八名、金平方は一人少ない七名。調停人は二人、うち一人は不時の斬り合いを防ぐため、列席者全員の長脇差を預かる刀監である。手打ちの発案者肝煎《きもいり》の丹波屋は別席を用意されている。おそらく旅籠《はたご》の大広間を借り切っておこなわれたであろう。詳細な構図まではわからないが、のちの仇敵黒駒勝蔵は、金平の隣席から大政・小政を従えた次郎長を凝視している。一触即発の緊張感がひしひしと伝わってくる。

しかも会場周辺には、両者の「盟賓（助っ人）」が、いざ鎌倉と待ち構え群参していた。次郎長方の助っ人は記載されている。

其盟賓ニハ、国定ノ金五郎・毛児島ノ新吉・舞阪ノ富五郎・宮島ノ年蔵・島ノ新助・島小僧ノ喜代蔵・中泉ノ造酒太郎・草崎ノ太郎・大和田ノ太郎・四日市ノ敬太郎、豚松・玉蔵・玉五郎・米太郎・秀五郎・信太郎・源次郎・新之助・宗吉・弥三郎・玉吉・米吉・茂十・龍蔵・善太郎等ヲ以テ巨擘《きよはく》トナス。蓋《けだ》シ皆両党ノ尤物《ゆうぶつ》、各々子弟ヲ率イテ来リ、其与《く》ミスル所ノ者ノ為メニ、陰カニ変ニ備ルナリ。和盟既ニ成リ、尽ク去テ国ニ還ル。

地名を呼称する一〇人は兄弟分の一家の親分クラス、名前だけの一五人は子飼いの子分であろう。遠くは上州国定村、伊勢四日市、島は流刑の伊豆七島に由来する。ほかは駿・遠州である。

二五人の武装した博徒が控えていたのである。相手金平も同様であったろう。

菊川の手打ちに注目するのは、裏社会で隠れて棲息していた博徒が公然一大勢力となり、内部の抗争をみずからの力で収拾しようとしているところにある。もちろん手打ちは一時の休戦で、はげしい武闘を繰り返すことにはなったが、博徒独自の秩序をつくり、規範・慣行として定着させようとする動きがあったことも確かである。その共通のアイデンティティとなったのが、仁俠であった。

## 博徒の群雄割拠

博徒の実在とその勢力の実態を俯瞰するのもむずかしい。愚庵の『東海遊俠伝』が、いわば博徒の群雄割拠のおおよその状況を切り取ってくれる。もちろん晩年の次郎長が回顧した三〇年の博徒史である。

敵対関係にあった博徒は、みな熾烈な殺し合いをした近国の博徒である。八尾ケ嶽ノ久六・源八ノ吉兵衛の二人は、次郎長が斬殺した。

誼《よしみ》を通ずる博徒は、東は上州・武州、西は四国讃岐、北は越後・越前・丹波、中枢は東海道をはさんで駿・遠・豆・尾・三・勢・濃・信の八か国に広汎に分布する。

以上敵対した博徒、同盟関係にあった博徒、中立関係にあった博徒、これらを表に示せば、駿州清水湊に盤踞《ばんきょ》した次郎長を基点にしたアウトロー社会の群雄割拠の時代を、一望におさめることができる。

### 次郎長と関係のあった博徒たち

| | 敵対関係 | 同盟関係 | 誼を通ずる関係 |
|---|---|---|---|
| 上州 | | 田中沢吉<br>国定金五郎 | 大前田栄五郎 |
| 武州 | | 高萩万次郎<br>小金井小次郎 | |
| 甲州 | 黒駒勝蔵 | 津向文吉 | 郡内近之助 |
| 信州 | | 行栗初五郎 | 相ノ川又五郎<br>駒場栄助 |
| 駿州 | | 江尻大熊<br>田中広吉 | |
| 豆州 | 赤鬼金平 | | 大場久八<br>下田安太郎 |
| 遠州 | 源八吉兵衛 | 大和田友蔵<br>石屋重蔵<br>舞阪富五郎<br>毛児島新吉<br>堀越藤左衛門<br>片野原斧八 | 国龍屋亀吉<br>日阪栄次郎 |
| 勢州 | | 小幡周太郎 | 丹波屋伝兵衛 |
| 三州 | 雲風亀吉 | 寺津間之助 | 御油源六 |
| 濃州 | | | 岐阜弥太郎 |
| 尾州 | 八尾ヶ嶽久六 | | 常行兵太郎 |
| 江州 | | 見受山釜太郎 | |
| 越前 | | | 新防左衛門 |
| 越後 | | | 長岡綱助 |
| 丹波 | | | 福知山銀兵衛 |
| 讃州 | | | 麻屋大吉<br>森屋忠右衛門 |

『東海遊侠伝』より

次郎長の博徒ネットワーク内の立ち位置である。敵対5、盟友17、中立17。東海地方から東は関東、西は四国の広域に及んでいる。

## アウトローの真骨頂

アウトローを時代のヒーローに化したのは、太平の世を覚醒させる劇薬の効能にあった。まずは忠治の世直しの義侠にあった。天保の飢饉の対策に奔走する関東代官羽倉外記は、北関東巡見途中、意外なことを耳にした（『済菑《さいし》録《ろく》』）。

土人曰ク、山中ニ賊有リ、忠二ト曰フ。党ヲ結ブコト数十、客冬来、屡々《しばしば》孤貧ヲ賑《にぎわ》ス。嗚呼《ああ》我輩ハ民ノ父母タリ。而《しかして》劇盗ヲシテ飢凍ヲ拯《すくわ》シム。之ヲ聞キ赧汗浹背《たんかんきょうはい》シテ縫入ルベキ地無キヲ怨ムノミ

幕府の手当は不足し、豪農商に施行《せぎょう》するよう説得するが思うようにならないなか、赤城山中に籠もる忠治がたびたび山を下りて貧民を救済しているという。御上に楯突く劇盗が飢えて凍える人びとを救済してくれている。恥ずかしさのあまり思わず冷や汗をかいたという、劇盗忠治の義侠の世直しであった。『赤城録』では忠治のもうひとつの世直し、磯沼の浚渫《しゅんせつ》に注目する。

関左大《おおい》ニ饉《う》ユ、忠資ヲ罄《つく》シテ賑救《しんきゅう》ス。故ニ以テ赤城近地特ニ餓莩《がひょう》無シ、予時ニ上之緑野郡ヲ

宰ス、郡隣ハ赤城ナリ、而シテ管内餓莩無キニ能ズ。忠ノ事ヲ聞キ及ビ、赧然《たんぜん》・面熱・背汗縫入ルベキ地ナキヲ怨ムナリ。明年丁酉《ていゆう》ノ春大ニ博場ヲ田部井ニ開キ、博税ヲ以テ邑中ノ磯沼ヲ浚《さら》フ。邑ハ国定ニ隣ス。国定ハ忠ノ梓里《しり》ナリ。而シテ下流ニ在リ、沼ヲ浚フ国定旱災無キ故ナリ

羽倉は、赤城近地に飢餓がなかったのは、忠治の金銭米穀などの救済によるところが大であったと感涙にむせびながらも、一方で旱魃《かんばつ》に備えて溜池《ためいけ》の磯沼の浚渫を自前で行ったことに注目して高く評価している。本来御上の仁政の御普請《ふしん》でおこなうべきところを、劇盗の賭場のあがりで施工したのである。まさに御上の聖域を侵した世直しの義侠である。忠治と一体となって実施した田部井村名主宇右衛門が死罪に処せられた要因はここにあった。

次郎長が侠名を唱われる契機になったのは、明治初年清水港で起こった咸臨丸《かんりんまる》事件からである。幕府脱走艦咸臨丸は、箱館へ向かう途中時化《しけ》に遭い、清水港に避難停泊中の九月一八日、官軍軍艦の攻撃を受けて幕府海軍将兵二〇余名が戦死、死体は敵兵ということでそのまま投棄されたままであった。薩長新政府を恐れる新生の静岡藩は、かつての同志旧幕臣の亡骸を見て見ぬ、苦境にあった。そこに乗り出したのが、大侠次郎長である。『東海遊侠伝』中の白眉の名台詞である。

人ノ世ニ処ル、賊トナリ敵トナル。悪《にく》ム所唯其生前ノ事ノミ。若《も》シ其レ一タビ死セバ、復《ま》タ何ゾ罪スルニ足ランヤ。今官軍戦勝テ余威アリ。而シテ特ニ敵屍ヲ投棄シテ去ル。我レ其不仁ヲ憾《うら》ム。腐屍港口ニアル数日、漁者為メニ業ヲ廃ス。我レ其不幸ヲ憫《あわれ》ム。不仁ノ為ニ仁ヲ為シ、不利の為メニ利ヲ計ル、何為《なにす》レゾ嫌疑ヲ避ケン

死者に敵も味方もない。死体を投棄した不仁を、収容して手厚く葬ることで仁となし、腐乱死体に出漁できない不利を解消して漁を再開して利とする、次郎長の決意である。次郎長は子分を動員、河口を浚《さら》い死体を収容、埋葬した。間もなく苦慮していた山岡鉄舟に揮毫《きごう》を依頼した「壮士墓」を建てて、戦死者を手厚く供養した。静岡藩関係者は安堵し、次郎長の存在感が一気に高揚したことはいうまでもない。

江戸の平和の終焉にあたって、凄惨な戦場の後始末を買って出て、放置された戦死者の遺体を収容、埋葬に尽力したのは、アウトローであった。

戊辰戦争の初戦、鳥羽伏見の戦いで敗れた会津藩兵の置き去りにされた死体を収容、手厚く埋葬、供養したのが京都の博徒会津小鉄であり、戊辰戦争最期の戦いの五稜郭で戦死した旧幕軍の

死体を埋葬し、追悼の碧血碑《へっけつひ》を建立したのが箱館の博徒柳川熊吉であった。

関東取締出役と徹底して抗争した忠治にせよ、罪状一切を認めて極刑の磔を受け入れ、贖罪《しょくざい》のため公衆の面前で見事な見せしめ刑を演じようと獄中では体力を錬磨し、一四度の槍に耐えて絶命した。また、江戸の通俗道徳のテキスト『孝経』を諳《そら》んじた劇盗でもあるが、幕府を倒そうなどという政治性はまったくなかった。

厳禁の博奕を生業として排除され、無宿・有宿の境涯、グレーゾーンの裏面に棲息、独自の民間秩序を形成した。結果として、江戸の平和の支配秩序がゆるむなか、これを補完し、隙間を埋める役割を果たしたことは、見落とせない事実である。

奇しくも江戸の平和が終わるとき、これに殉じ、捨てられた旧幕臣の屍《しかばね》を拾い集め、最期を見届ける掃除人となったのは、アウトローたちであった。

## 博徒の股旅とネットワーク

表街道は夜間隠れて、裏街道は闊歩したであろう博徒の足跡を明らかにするのはむずかしい。

『東海遊侠伝』に、次郎長と三河の博徒原田常吉の手打ちの仲裁人として登場する、信州の博徒間《あい》の川《かわ》又五郎（一八一五〜七五）には一代記がある。

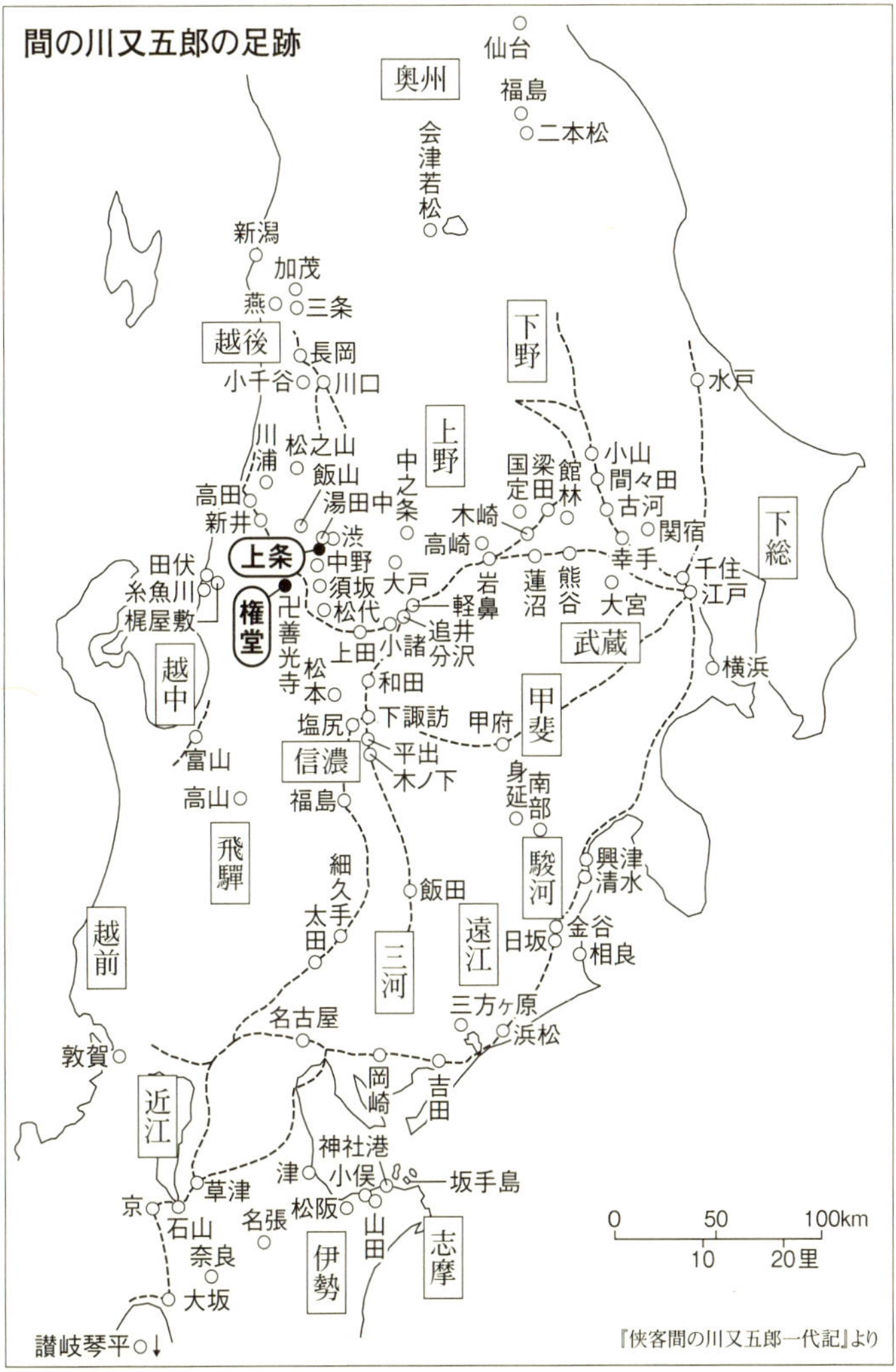


間の川又五郎の足跡

『侠客間の川又五郎一代記』より

信州善光寺・権堂近くの上条を本拠に、又五郎の足跡は奥州から四国の広汎に及んでいる。博徒のネットワークの広大な領域と密度の高さを示している。

文化一二年（一八一五）、上州邑楽《おうら》郡海老瀬《えびせ》村に生まれた又五郎は、一九歳の天保四年（一八三三）、不斗出《ふとで》して無宿の博徒稼業に身を投じ、諸国流浪の末、善光寺門前町でにぎわう権堂《ごんどう》の上総屋源七の子分となり、その後嘉永四年（一八五一）、近くの上条《かみじょう》村湯川原温泉に旅籠屋を開業、かたわら幕府中野代官所の手先になって二足の草鞋を履いて定住した。山本金太編『侠客間の川又五郎一代記』に、博徒又五郎の足跡をたどった、山本作成の地図が掲載されている（前ページ）。逃げ隠れる流浪の旅であるが、又五郎に一宿一飯の便宜をはかり、時には長期に逗留させ、保護するネットワークが存在していたことが、地図上で理解できる。

また、次郎長の『東海遊侠伝』からは、弘化二年（一八四五）より安政六年（一八五九）までの博奕と喧嘩に明け暮れた諸国放浪期の足跡が、おぼろげながら明らかになる。股旅を可能にしたのは、一宿一飯の博徒の任侠保証制度付きのネットワークである。江戸の平和に甘えて、博徒は縦横無尽に裏街道を走り廻っていたのである（『清水次郎長』）。

# 第六章

# 結社とネットワーク社会の江戸

# 俳諧の結社とネットワーク

## 江戸の平和と俳諧

俳諧は、江戸の平和を象徴するキーワードのひとつである。いっぱしの俳号を名乗った俳人数だけでも数知れず、嗜《たしな》んだ人数まで入れたら膨大な数字にのぼるであろう。百姓町人から武士・公家・僧侶・神官、さらに雑民まで、身分制度を忘れて俳諧の世界に遊んだ。読み書きのリテラシーの隣り合わせに、五・七・五の文字文化の誘惑が待ちかまえていたのである。

俳諧は個人技の文芸ではない。集団、結社の構成員、連衆《れんじゅ》が一座となって、喧々《けんけん》諤々《がくがく》相互に批評して楽しむものであった。当然そこには、俗世の身分や貧富の差別はなかった。一面自由奔放、放埒《ほうらつ》にさえみえるが、不思議と統制された独自の世界を形成していた。それは、松尾芭蕉を俳聖・祖翁と崇敬・敬慕する大ピラミッド組織に内包された別世界であったからである。正風《しょうふう》とされた芭蕉との親疎の違いによって種々の流派が乱立しても、文雅の共存、棲み分けがはかられ、もちろん政治権力の直接の介入はいっさいない。

俳人たらんとする者は、一派を張る宗匠に入門、俳名をもらう。これぞと自己主張したい俳人は、庵・園など俳号を名乗って門人を集め、俳諧結社をつくって独立した。独り立ちするのを「立机《りつき》」といい、師匠の跡を継承するのを「嗣号《しごう》」と呼んだ。俳諧隆盛の痕跡は名所旧跡に建つ句碑や神社仏閣の奉納句額に、いまなお偲《しの》ぶことができる。

江戸の平和がいかに成熟した文化を結実させたか、ようやく本論に近づいてきた。みずからのフィールドワークを振り返りながら、俳諧結社とそれらを縦横につなぐネットワークについて、具体例をあげて述べてみたい。二人の農民を分析の基点に選び、村を越え地域を結合する文化結社の誕生、それらが同心円のように拡大していくネットワーク形成の過程を具体的に明らかにしたい。

ひとりは、前にも触れた北関東上州赤城山の西南麓原之郷《はらのごう》村の三代船津伝次平《ふなつでんじべい》（以後伝次平は老農と畏敬された四代と同名であってまぎらわしいので、襲名前の理兵衛で統一する）、俳名午麦《ごばく》。いまひとりは、富士山東麓北駿菅沼・吉久保両村にまたがる湯山文右衛門、俳名重山《じゅうざん》である。二人は公的には百姓身分であるが、手習塾を経営する師匠であり、また祖翁芭蕉を敬慕して俳諧に精進する俳人でもあった。

## 上州原之郷村、船津午麦

劇盗国定忠治が『孝経』を諳《そら》んじ、市川米庵《べいあん》の書を愛したといわれる上州の文化風土は、その基底において俳諧ネットワークで緊密に結ばれていた。

まず俳人船津午麦が、原之郷村の村役も勤める模範的中農、理兵衛の別の顔であったことを再確認しておく。理兵衛の遺した家訓が、なににも増して全体像を示している。理兵衛のモットーは下記の五か条に如実に要約されている。

家訓

一、金貸しと商売はなすべからず
一、終り疑わしきものは決して着手すべからず
一、田畑は多く所有すべからず、又多く作るべからず
一、農家は雇人二名、馬一匹にて営み得るを限度とすべし
一、けいこ事は冬、春の両期にすべし、書物は小満《しょうまん》（五月二〇日ごろ）より白露《はくろ》（九月七、八日ごろ）までは封じ置くべし

農業の副業に金貸し（質屋）と商売してはならない。終わりがどうなるか疑わしいことには手をつけない。田畑は多くを所有せず、また多くをつくらない。農家の経営は家族と雇人二人、馬一匹の規模で営むのを限度とする。余業の稽古ごとは農繁期は避けて農閑期の冬から春にかけておこなう。小満から白露までは、書物はいっさい封をあけずにおく。農事が済んだあと読書にいそしみ、手習塾の師匠や俳人午麦になって活動することになる。

事実、天保一〇年（一八三九）、二八歳の理兵衛は、田一反一畝二四歩、畑一町四畝二五歩の田畑比一体九の所有田畑を、父母・女房・長男・長女の家族六人と馬一匹で経営する、まさに自作農の中農であった（三二ページの表）。自力で収拾できる範囲内に農業経営を止め、余力を教育文化活動に投じようとする「余力学文」の理念である。

理兵衛が九十九庵《つくもあん》を名乗る手習塾を営み、六四名の筆子《ふでこ》を育成した師匠であったことについては八一ページ以下で述べた。それでは、理兵衛はいかにして俳人午麦になったのか。

俳諧は近代の俳句と異なり、発句《ほっく》に集約する個人の文芸ではない。一座の連句《れんく》を基本とする集団結社の文芸であった。いわば共同体を基盤にした座の文学である。理兵衛は上小出《かみこいで》村在住の宗匠藍沢無満《あいざわむまん》に入門して午麦の俳号を許され、師匠が社主の俳諧結社「蓼園社《たでそのしゃ》」に属する俳人となった。「午麦」とは、作柄が悪く午（馬）の餌にして食わせるしかない麦という、ずいぶんと謙遜した俳名である。おそらくは余業の俳諧にのめり込む己は、馬の餌にしか使い道のない麦のような無用な百姓だと、謙遜して洒落てみたのであろう。

麦は畑作優先の村の主要な作物であり、ハレの馳走にも登場するうんどんの原材料であった。ちなみに、のちに入門する嗣子、老農伝次平は、冬に扇は無用の長物と洒落て俳号「冬扇」と名乗った。また、村の鎮守の名山「九十九山」にちなんで自宅を九十九庵と命名した庵号を名乗り、手習塾の名称にもしている。

蔵書家の俳人であったことは、書籍購入にも明らかである。床の間にでも掛けようとしたのか、真っ先に祖翁芭蕉の掛物を金一分で手に入れている。ほかにも其角《きかく》・蕪村・乙二《おつに》・士朗・鳳朗《ほうろう》の句集や俳書『鶉衣《うずらごろも》』を買い集めている。

## 藍沢無満と蓼園社

蓼園社と社主無満についてはくわしく述べたことがあるので、結社の概要とそのネットワークに絞って紹介する（「地方文人と文化結社」前掲『近世村落生活文化史序説』所収）。

蓼園社の存在が明らかになるのは、かつての無満の屋敷の一隅に建っていた「蓼園社中」の碑文である。裏面に藤森弘庵揮毫《きごう》の「蓼園」の社名の下に、社中五九名がぎっしりと所狭しと刻まれている。もちろん「白庵《つくもあん》午麦」、追記として「船津冬扇」が含まれている。俳名のみ彫られているため在住の村名など人物を特定するのに苦労したが、なんとか四六名の所在を突きとめ、分布を次ページに示してみた。

社主の村、上小出周辺村々を中心に、北方の利根川上流域の山間の村々にかけて分布している。原之郷村は群馬郡の上白井村九名・近村の上下箱田村七名についで六名を輩出している。畑が平均七五パーセントの畑作養蚕を主に民富を獲得していった村がほとんどを占め、石高制米作の価値観からいえば劣悪の村柄である。なかでも九名も社員となった上白井村にいたっては、畑一二七町二畝余に比し田はわずか七反六畝余で、九九・四パーセントが畑であった。

蓼園社の碑の正面には、つぎの発句が刻まれている。社主無満がここにあった社友一座が集い、連句を巻き、宗匠無満の教えを乞うた庵の一光景を詠んだものである。

庵の蚤《のみ》　一跳々《ひとはねはね》て　草の中　　九十翁　無満

一匹の蚤が連衆の血でも吸って騒ぎにまぎれ、庵から草むらの中へ飛び跳ねたのであろうか。日常卑俗の暮らしを詠んだものである。

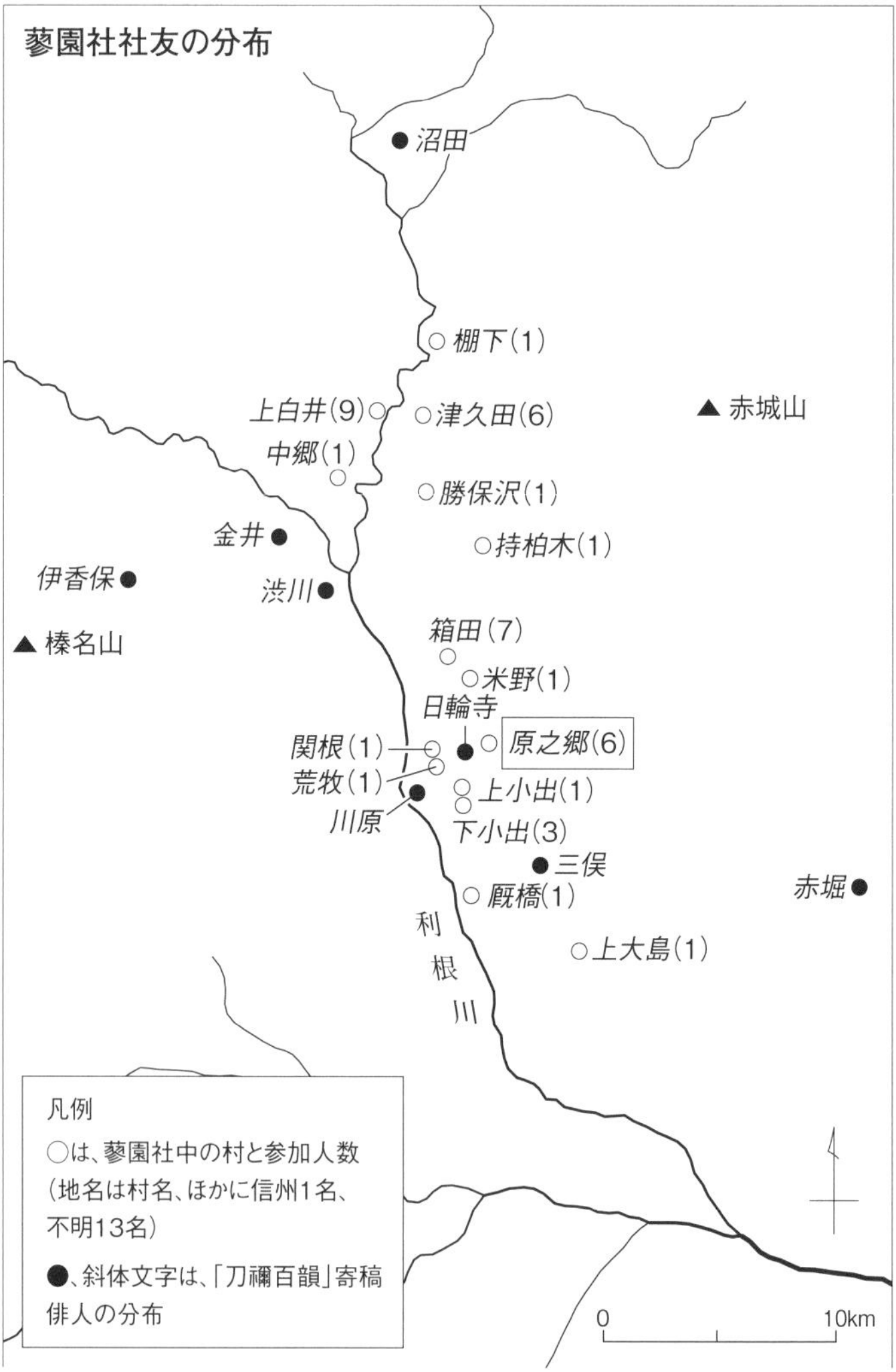


無満の上小出、午麦の原之郷から利根川上流域の村々に広がっている。俳諧結社蓼園社から地域文化圏が浮かび上がってくる。

藍沢無満の正体は、勢多郡上小出村百姓で村のご意見番「年寄」の村役を勤める藤右衛門である。且《か》つ、村の子どもに手習いを教えるお師匠様でもあった。その証拠は、安政五年（一八五八）に筆子一二五名が建立した師匠無満の筆塚である。

畑のみであるが、天保六年（一八三五）の帳面「名寄畑之部」から畑一町四畝二九歩（屋敷が含まれる）を所有していたことが判明する。おそらく田も数反所有していたと考えられるが、一町規模の畑作だけでも「蚕繁昌《かいこ》」の上州の景況を思えば、上層の農民であったと考えても差し支えない。俳諧の宗匠たるに足る経済的基盤の持ち主であった。

同じ帳面に、屋敷八畝二三歩・下々下畑一反五歩が蓼園社分として朱書されている。無満は屋敷地一反九畝一五歩の半分近い八畝余を蓼園社地に提供して年貢は自分が負担した。二年後の天保八年、無満はここに庵を建て、そこに天神様を祀《まつ》る小祠を置き蓼園社の学文の守護神とした。それにとどまらず、無満は蓼園社を「むかしの学校」にし、社友が利用する「ほみくら」図書館を併置することを構想し、社友知己に寄金と書籍の寄付を呼びかけている。

かくして手習塾・学校・図書館を擁する学園が、利根川河畔の上小出村の一隅に誕生したのである。無満は蓼園社の日常を七言絶句の漢詩文にして詠んでいる。

庵者厩城六七強　平生唯試養生方　農書一巻掃塵誦　麦圃菜田無尽蔵

蓼園の庵は前橋城下から六、七町のところにある。いつもお蚕さんの育て方をあれこれ実験している。蚕育の農書一巻をひもといて当たってみる。庵の四囲は麦・野菜、米までが無尽蔵に取れる田んぼだ。蚕養育の法を追求しながら文化の創造に努める百姓文人の自信にあふれた感慨である。

そういえば無満には、「上小出往来」と題した手習い教本があった。村の筆子に、いかにして前橋藩から年貢免除を勝ち取ったかを、歴史と算用を駆使して教える自前のテキストであった。七言絶句は、日ごろから村政に関与し、村づくりに関心のある無満ならではの漢詩である。

ところが不運が襲う。安政五年、無満の筆塚竣工の祝宴の終わった夜、火災に見舞われ、無満生涯の夢であった学校・図書館・蔵書すべてが一夜のうちに灰燼《かいじん》に帰した。無満はめげず百姓文人の心意気を一句に詠んだ。

よしさらば　四方八方　霞め焼埃

## 午麦の「刀禰百韻」

俳人午麦の活動は、蓼園社のネットワークを生かしながら展開する。午麦は、結社の師・社友、知己を頼って近在近国の俳人一〇〇名からなる句集を編集・刊行することを志した。名付けて「刀禰《とね》百韻」である。「刀禰」は利根に通じ、上州の風土に根ざし、百姓俳人たらんとする意気込みが伝わってくる。午麦は序文に、鬱屈《うっくつ》とした日常を外に向かって開こうとする、句集出版への思いを綴る。

やつがれとしニ、只はいかい（俳諧）のまねひことして、ふるき反古を好めるといへとも、只いたつらに、紙魚《しみ》を友とするのみにて、井中の蛙の海《うな》はらをしらさるに似たり。こゝにおもひ立しは、いまの世中に、此ミちをもてあそへる君たちに、萬の月にまれ、花にまれ、そのしたつおましを□して、しりへにくはゝらはやと、ひとつのミちふミをものし、景清《かげきよ》も華《はな》見《み》の座《ざ》と聞てけるは、おつましきちなミの媒ともなれかしと、あふきをひらいて、ものまをす事になむ。こひねかはくは、たかきと、いやしきと、したしきと、うときを不論、一句の附を乞得、其数百の位とも満は、東禰百韻と称して、後世の山の後までも、つたはる宝ともなさはやとなり。かつかたハらに、国処・貴姓・芳名までしるしたまハらは、文音の一助と

もなりて、長く不可思議のえにしともならさらめや□と、かくいふは、赤城山下白庵のある
し午麦

蓼園社の一員として原之郷村で農事のかたわら俳諧に精進する午麦は、みずからに満たされない焦燥感に駆られていた。「井中の蛙の海はらを知らず」、世の趨勢、俳諧の動向に取り残された思いであった。村にいても大海に漕《こ》ぎだす方法がある。「高きと卑しきと親しきと疎きと」身分の高下、親疎を問わず、祖翁の「景清も花見の座には七兵衛《しちびょうえ》」を発句に百人俳人の百韻の連句にして「刀禰百韻」と題して上梓することを思いついた。

付句の寄稿者には所在地名・実名・俳号を明記してもらえば、相互の交流のネットワークづくりの一助にもなる。午麦は居ながらにして俳諧ネットワークの俳友と遊び、かつ後世に伝わる俳書という宝を得ることになる。祖翁の発句のつぎは編集・刊行人午麦、そして宗匠無満とつづいていくが、五八韻で中絶している。

ひらく扇のかうハしき春　　午麦
▲原之郷　白庵　　船津利兵衛

白栲《しろたえ》の鶴も霞ますたそかれて　　乙満
▲上越出　蓼園　　藍沢淳堂

午麦は安政四年（一八五七）一二月五日、四八歳で急逝する。「刀禰百韻」は中途で頓挫してしまう。志半ばでの死であった。

五八人の所在地を図示した（二二六ページの地図）。蓼園社の分布に重なるが、一社員にしてこれだけの交流範囲・密度をもっていること自体が、俳諧結社とネットワークの定着とさらなる拡大を暗示しているように思われる。

## 北駿初世百景庵、湯山文右衛門重山

すでに述べたことがあるが、駿河国駿東《すんとう》郡、富士山の東麓、甲州・相州に接する、今日の行政区画でいえば御殿場市・小山町の御厨《みくりや》地域は、高度にして濃密な農民の教育・文化を生みだしていた。その確たる証拠は、手習塾師匠の墓碑を筆子《ふでこ》が建てた筆子塚の高密な分布である。典型例として、小山町の湯山文右衛門筆子塚から民衆教育の実態についてくわしく分析して以来、四〇年近くが経過した（『日本民衆教育史研究』）。

文右衛門は菅沼村に屋敷を構え、かたわら隣村吉久保に手習塾を開業する。両村に三町余の田畑を所有する大地主であった。文右衛門が百景庵《ひやつけいあん》の庵号を立机《りつき》した重山《じゆうざん》を名乗る俳人であったことには、くわしくは触れなかった。立机する以上は、門人を取って一派を立てようとする意気込みがあったはずである。文右衛門はなにゆえに「百景」を庵号に選んだのか。当然崇敬してやまない俳聖祖翁芭蕉の句に由来することが予想される。

案の定、百景とは、貞享元年（一六八四）の『野ざらし紀行』の折、芭蕉が富士を詠んだといわれる句からきていた。しかし『野ざらし紀行』にはみえず、甲州吉田の山家が所持していた俳文「士峯《しほう》の賛」の一句であった。おそらく後年行脚の情報から江戸にもたらされ、宝暦六年（一七五六）、『芭蕉句選拾遺』に収められ、人びとの知るところとなった。（『芭蕉文集』）。

崑崙《こんろん》は遠く聞《きき》、蓬萊《ほうらい》・方丈《ほうじよう》は仙の地也。まのあたり士峯地を抜て蒼天《そうてん》をさゝえ、日月の為に雲門をひらくかと、むかふところ皆表にして美景千変ス。詩人も句をつくさず、才士も言をたち、画工も筆捨てわしる。若藐姑射《もしはこや》の山の神人有て、其詩を能《よく》せんや、其絵をよくせん歟《か》

雲霧の暫時百景をつくしけり

祖翁芭蕉が富士吉田あたりから富士を眺望してものした、まさに「士峯の賛」である。千変する美景のスケールの偉大さに圧倒されながら、古今東西の名山にくらべて詠んだ一句である。旅の芭蕉は、これを世話になった地元文人にでも与えたのであろうか。伝え伝わり、写し写されて、七二年後の宝暦六年を画期に、祖翁の霊峰不二の句として俳諧愛好者の間に広まっていったのであろう。

その一二年後に富士山東麓の駿州駿東郡菅沼村に文右衛門は生まれ、俳諧に精進、立机に際し「百景庵」を名乗ったのである。春夏秋冬富士を仰ぎ見る日々の暮らしからは、当然の選択であった。子孫の湯山家には手習塾関係資料がほとんどを占め、百景庵重山の活動を物語る句集その他は見当たらなかった。

## 百景庵句碑

百景庵の実在とその継承を後世に伝えようとした句碑を発見した。文右衛門の筆子塚がある屋敷からさほど遠くない小山町原向の道のかたわらに建っている。

（篆額《てんがく》）本立道生　重山

（碑面）月花の裏表なし雪の庵　雪守翁
踏分けし道も数える花野哉《かな》　擁左
見上げるや見上ぐるほどの富士の山　禾旭
其の徳を慕ふて
千代八千代散らぬ匂ひや道の花　禾洋
大正五年弥生建立百景庵禾洋書

大正五年（一九一六）、初世重山文右衛門没後ちょうど七〇年の節目に、百景庵の継承者によって建てられたことが判明した。

篆額の「本立道生」は、能書家としても知られた初世重山の書である。雪守翁とは、文右衛門の戒名が「雪懐重山居士」であることから、七八歳の長寿であった初世の別称ではないかと推察される。擁左は三世、禾旭は四世、建立した禾洋は百景庵五世である（左ページの系統図）。

湯山文右衛門は、富士山東麓、北駿の地に祖翁を敬慕する俳諧結社「百景庵」を立机し、庵友を集め、活動していたのである。俳諧に志し、立机する農民俳人は文右衛門だけではなかった。北駿の三井園・牛負庵、沼津の六花庵・種玉庵が並び立って競合していた。

**百景庵系統図**

竹村茂雄（国学者）
‖
初代 ○重山 **湯山文右衛門**（興雅）
2代 ○△ 鷗斎
3代 擁左
4代 禾旭
5代 禾洋
6代 其城
7代 泉洋
8代 素鷗
9代 禾村

○ 寺子屋師匠（筆子塚）
△『御厨八景集』寄稿者

『日本民衆教育史研究』より

湯山文右衛門が創始、北駿地域に根付いた俳諧結社百景庵九代の系譜である。伊豆の国学者竹村茂雄とは交流があった。

何代にもわたって、俳諧が人びとの心をとらえ、浸透・拡大していったかが理解されるであろう。文右衛門の没後になるが、この地域の俳諧の隆盛を物語るのが『御厨八景集』の発刊である。

## 『御厨八景集』

嘉永五年（一八五二）、漂泊行脚から御殿場に足を留めた俳諧師牛負庵牛翁《ぎゅうふあんぎゅうおう》が御厨《みくりや》名勝八景にちなんで編んだ句集である。中国の瀟湘《しょうしょう》八景にはじまる近江八景・南都八景などになぞらえ、地域の名所旧跡や景勝の地から八コマの景勝地を発掘して○○八景と称して名勝とすることが流行していた。これぞ地域創生の文化圏をつくろうというイベントの発現であった。率先してこのたくらみを発案し実行したのは、俳諧結社に集う俳人たちであった。

牛翁が音頭を取って御厨文化圏の百姓俳人・文人がこぞって二七三人余が参画し、『御厨八景集』の刊行に結実したのである。「御厨」とは支配行政の地名ではない。この地域の歴史と風土を象徴する名称として使われ、人口に膾炙《かいしや》していた。八景の景観を愛《め》でるのみでなく、御厨の生活に根ざしたものであった。一例をあげれば、文右衛門と同じ菅沼村の素白は、甲斐・信濃との魚・塩・絹織物の流通路であった「駕籠坂時雨《かごさかしぐれ》」の意外な賑わいを詠んでいる。

魚の荷の込《こむ》や峠の朝しくれ　素白
塩売のしほ翻し行《ゆく》しくれかな　遊山
駕籠坂や時雨つけ越す信濃馬　嵐川
塩つけた馬に逢《あい》けり夕しくれ　乙女
売残る菜汁の澄《すむ》や初時雨　花水
絹《きぬ》うりの戻る峠やはつしくれ　カマト貞児

魚・塩荷は内陸の信州・甲州をめざして信州馬で運ばれ、甲州郡内特産の甲斐絹《かいき》は駿河方面に行商されていた。駕籠坂峠の風情が生活臭とともに伝わってくる。

## 『忠夫庄七伝』

百景庵重山の文右衛門に戻ると、手習塾の師匠として三七〇余人の筆子を養成し、また「興雅」を名乗る文人であったが、得意分野を生かした交流をとおして、村を越え支配を越えた地域の教育文化に熱心に取り組んでいた。

そのひとつが、天保一三年（一八四二）北駿文人の協同と連携によって刊行された『忠夫庄七伝』であった。

火山富士の宝永四年（一七〇七）の砂降りは、御厨地域に甚大な被害をもたらした。村々は荒廃し、多くが村を離れ、復興に長い歳月を要した。復旧を指揮し神にまで崇められた仁吏関東郡代伊奈忠順《いなただのぶ》の陰で村々の復興の亀鑑《きかん》とされたのが、主家再興に奉公して御上から精忠あっぱれと生涯扶持米《ふちまい》を頂戴した柴怒田《しばんた》村名主瀬戸家の譜代下人庄七であった。

復興の生き証人として庄七の一代記を残そうとする運動が、地元の文人の間に起こった。「同庄菅沼・吉久保二里に住る湯山興雅（文右衛門）・渡辺武成（手習塾の筆子）等深く慮《おも》ひ」と記されたように、湯山興雅は手習塾の高弟渡辺武成と板行に深く関与した。その足跡が、俳句ではなく、つぎのような一首に残されていた。

うつり行《ゆく》　その家君のかずかずに
　かずかず尽す翁が真こころ
　　　　　　　　　　　　　湯山興雅

北駿の有力な俳諧結社三井園の催主蚊牛は一句、

置添る霜さへしげき野菊かな　　　三井蚊牛

注目すべきは、この出版に賛同した竹村茂雄（本居宣長門人で伊豆を代表する国学者。熊坂在住）が、わざわざ一首を寄せていることである。

めずるにも猶あまりあり家君に
　真ことつくせしその忠《まめ》わざは
　　　　　　　　　　　　　茂雄

俳諧から和歌へ、俳人から国学者へと交流は拡大し、文化のネットワークは着実に全国化しつつあった。

## 俳諧と国学――草莽の国学者竹村茂雄

『忠夫庄七伝』に一首寄稿した竹村茂雄は、明和六年（一七六九）、伊豆国田方郡熊坂村の名主を務める大地主の家に生まれた。

平右衛門が公の名前である。寛政七年（一七九五）、国学を志して伊勢松坂に本居宣長を訪ね、入門を許された。茂雄と改め、穂向屋《ほむきや》を結社して多数の門人を養成、宣長の国学思想の普及に熱心に取り組んだ。

文政八年（一八二五）、師宣長の著書『直毘霊《なおびのみたま》』を穂向屋蔵板にして出版した。みずからを「伊豆国熊坂村民竹村茂雄」と名乗り、「いかてふみよむひとびとよ」と草莽《そうもう》の国学を呼びかけた。「ふみよむひとびと」こそ、俳諧と国学を結ぶ百姓文人たちであった。

茂雄の活動は、その数二〇〇余名といわれる門人に顕著である（伊東多三郎『草莽の国学』）。門人の歌集『門田の抜穂』に詠草をつらねた、伊豆八八名、駿河四一名、江戸・越中・越後各一二名、相模四名、甲斐二名の合計一七一名とその分布に明らかである。散逸はしたが、同家に残された一〇八名の入門名簿も参考となる。
俳諧と一体となったネットワークが浮かび上がってくる。

## 俳諧全国ネットワーク

俳諧が日本国中御家流の文字あるところ隅から隅まで浸透していたことが一目で納得させられるのが、俳諧番付である。いつのころからか俳諧師仲間の手によって木版に刷られ、流布した。

本書は俳諧の芸術性について、まして俳人の優劣を問うことにはその能力はもたないし、まったく興味もない。江戸の平和が生んだ文字文化の実在と影響力を、俳諧の物量で実証できれば本書の主旨は果たされる。

俳諧番付がつくられた背景には、東西に二分して、上段から下段にかけて俳人名の大小によって選抜・序列化する動きにあったと考えられる。また、競合する流派が自派を誇示し、一方で流派同士連携しようとする気運を反映していたことも無視できない。さらにこれから行脚雲水の吟行の旅に出かけようとする者にとって、恰好《かっこう》の寄宿先の案内書となったかもしれない。

板行時の俳諧ネットワークを一覧にした番付は、俳諧の普及・浸透度を測定するのにはこの上ない資料である。これを分析することによって俳諧ネットワークの実態が明らかになる。

**「俳諧士角力番組」「海内正風俳家鑑」にみる俳人の国別人数**

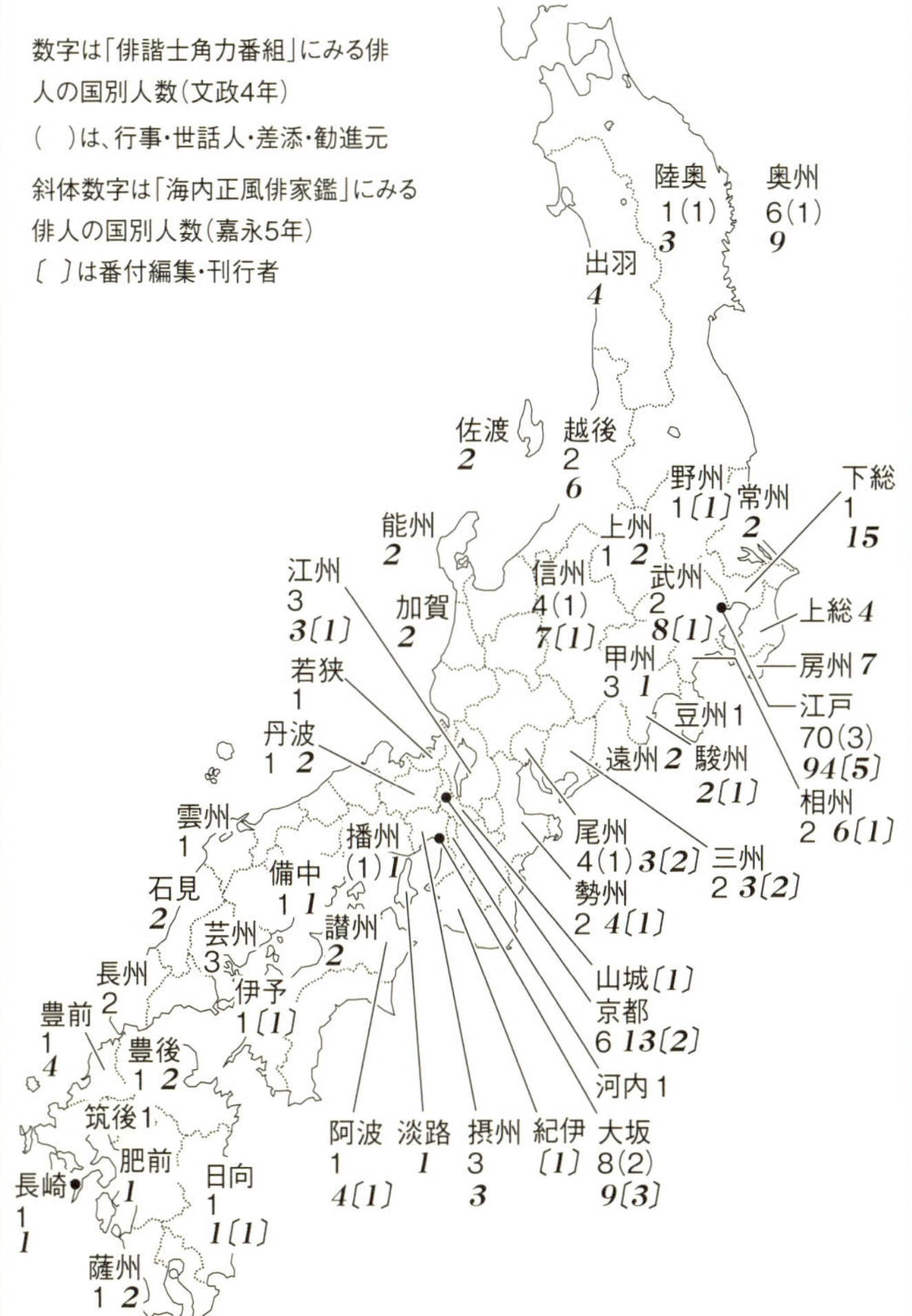


俳諧ネットワークが江戸を基点に京都・大坂から諸国をほぼ網羅していることを如実に示してくれる。文政4年から嘉永5年の30年間に、俳人数が2倍強に増加している。

本書では、青木美智男氏がライフワーク『小林一茶』で発掘した文政四年（一八二一）「誹諧士角力番組」と、東海道原宿の地方文人植松蘭渓を調査の折に見いだした嘉永五年（一八五二）「海内正風俳家鑑」の二点を取り上げ，俳人の所在を確かめ分布図を作成してみた（前ページの図）。

文政四年、俳人一四〇人、編者出版関係一〇人の総計一五〇人である。多くが宗匠クラスの面々であろう。当初から東の方を「諸国」、西の方を「江戸」に二分しているので、江戸を基点に俳人をピックアップしている。

それにしても、諸国の七七人の分布は日本列島をほぼ包括する広がりをみせている。京・大坂の二都市につづき三二か国におよんでいる。東は奥州、西は薩州の辺境にまで俳諧は浸透していた。小林一茶は「信州　一茶」として「差添《さしぞえ》」の重役を務めている。

前に取り上げた上州は、「上毛」としてわずか一名、草津の竹烟のみである。草津は文人の湯治客でにぎわう温泉地であったが、蚕繁昌の上州各地には竹烟クラスの俳人がいたはずである。とすれば、この番付は上州のほんの一部の俳人を掲載したにすぎないことになる。一五〇人は氷山の一角で、その海面下には膨大な数の俳人が有象無象に隠されている。百景庵の湯山文右衛門と時期が重なるが、駿州にいたっては皆無である。

一方、三一年後の嘉永五年、俳諧の趨勢は如何。倍増して三二二人の俳人を収録している。三都に加え四〇か国に拡大、日本国を網羅したと見なしてもよい。東都江戸からの発信であるので、圧倒的な江戸につづき下総・武州・房州・相州の関東勢が一四五人を占める。偏りが否めないが、国中くまなく俳家が割拠し、分布する構図は圧巻である。

この番付でも、上州はわずか二人、竹烟と霞雪（不明）である。この時期、全盛期にあったと思われる蓼園社《たでそのしゃ》主藍沢《あいざわ》無満《むまん》が無視されている。無満が三二人の中にランクインできないくらい、俳諧は群雄割拠して俳人間の競争がはげしかったということであろうか。

駿州は、番付内の肆山（不明）・碧山（不明）の二人に、編者板行関係の東海道沼津宿の漣山の三人である。漣山は、宗祇《そうぎ》終焉の地にちなみ種玉庵を自称し、「俳関」と号して雲水に留杖の宿を提供し、御厨地域の俳諧とも深い交流があった。

この「俳家鑑」には、俳諧が本来持っている特異性が秘められている。番付最下段に列挙された雲水五六名の存在である。彼らは目下修業精進のため、居を定めず、三都・諸国のどこかの俳人のもとに行脚の杖を留めているか、山野に野宿している漂泊の雲水というわけである。

俳諧は順礼に似た定住・漂泊・交流を繰り返す運動性と、他者を受け入れる懐の深さを本質のところでもっていた。一句ひねりだせれば、漂泊の旅人は村の一座に迎えられ、一宿一飯にありついたのである。

# 在村剣術と武芸のネットワーク

## 兵農分離と在村剣術

江戸の平和に一見そぐわないが、太平の御代に盛り上がる武芸の流行に注目すべきだと思ってきた。意外に思われるかもしれないが、武芸熱に浮かされたのは武士ではない。百姓町人が半ば公然と剣術を学び、流派に結社し、隠れて帯刀していた。中世から近世への画期とされる刀狩り・兵農分離はどうなっていたのか。

下剋上の戦国乱世においては、侍・足軽から百姓までが殺人剣の技を磨き、なかには剣技を編みだし、流派を開基して立身の後ろ盾とする自称剣豪が簇生《ぞくせい》していた。宮本武蔵・佐々木小次郎、然りである。

徳川の天下統一は、刀狩りと兵農分離を強行し、野放し状態の剣術を淘汰し、幕府・諸藩の管理下に置くことによって実現した。百姓から所持する武器を押収して移動の自由を奪って村に定住させ、農業に専念させて年貢負担者とする。武士は村から離脱させて城下町に集住させて家臣団に編成する。とどの詰まりは兵と農を身分として固定世襲とし、両者間を分離して移動を厳禁した。かくして武士階級が丸腰にした百姓町人を支配する幕藩体制が構築され、二五〇年余の太平が維持された。以上が旧来のコンセンサスであった。しかしこれは事実に相違する。江戸の平和はそんな単純な、硬直したドグマで、ハイそうでしたと納得できるほど、人間味のない歴史ではなかった。

上州に限っただけでも、百姓が刀剣・槍を所持し、馬庭《まにわ》念流・法神流・源流など並び立つ在村剣術を錬磨しては、侍風の名乗りをし、流派ごとに結社して神社奉納額の大きさを競っていた。そして武芸・剣術が種々の流派ごとに結社をつくり、それらを結ぶネットワークを形成していった。江戸の平和の一断面を包括していたこの事実に着目すべきである。以下では、その実像を、上州在村剣術馬庭念流の樋口家を事例に、同家所蔵の資料を分析しながら明らかにしたい。

## 馬庭念流樋口家

今日でも、群馬県高崎市吉井町馬庭の樋口家の長屋門に併設された道場から、古武道念流の稽古に打ち込む気合いが聞こえてくる。二五代五〇〇年に渡って剣術馬庭念流を伝承してきた樋口家は、いまなお健在である。近代剣道に駆逐されたはずの剣術が、命脈を保っているのである。

兵農分離の江戸時代に入っても、馬庭村の百姓身分でありながら入門者を募り、剣術念流を教授し、一大流派を結成し、門人数千と豪語された。公的には苗字帯刀が許されない百姓が樋口姓を名乗り、帯刀し、入門誓紙を取って、あろうことか剣術まで伝授しているのである。樋口家のこの二重構造、表裏の関係性に、江戸の平和の摩訶不思議な意外性が隠されている。

樋口家の家譜によれば、淵源は木曽《きそ》義賢《よしかた》に奉仕した中山権頭《ごんのかみ》中原兼遠《なかはらのかねとお》の次男次郎兼光《じろうかねみつ》十代後《こう》胤《いん》の兼重にさかのぼる。応永二八年（一四二一）、初代兼重が念流鼻祖《びそ》相馬四郎義元入道に随身、その後高弟赤松慈三に学び、奥旨をきわめたことから、念流は始まったとされる。三代高重の文安二年（一四四五）、信州伊奈郡樋口村を去って上州吾妻郡小宿に移住、明応九年（一五〇〇）、

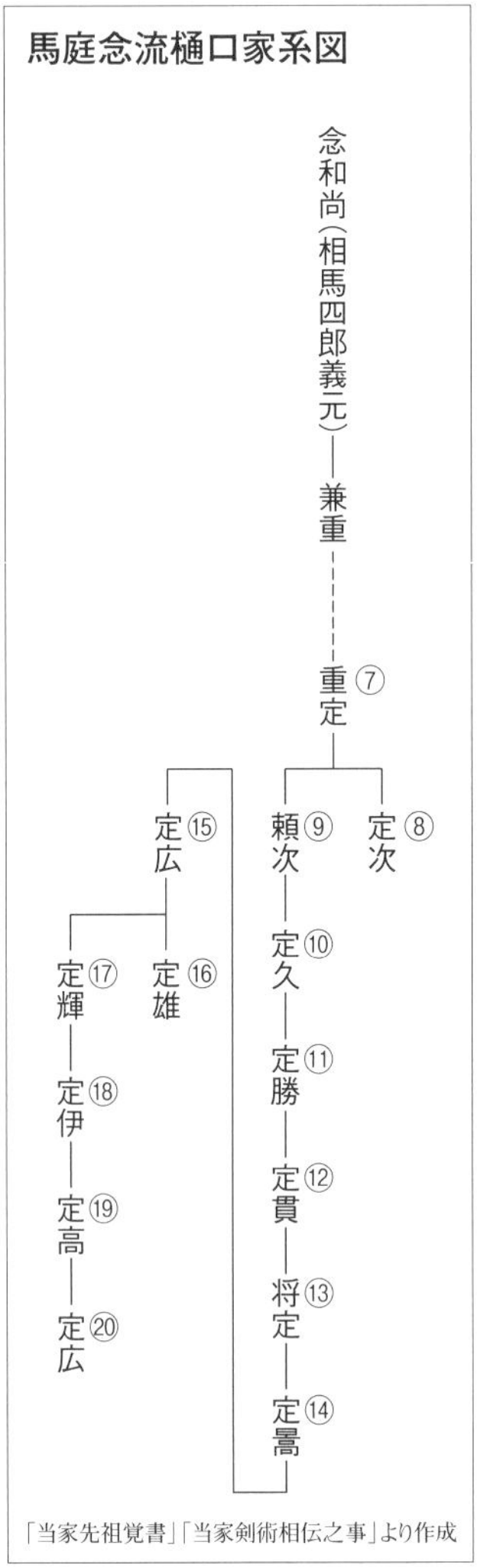

「当家先祖覚書」「当家剣術相伝之事」より作成

9代目から20代目までの12代が江戸の平和の歴代である。

同国多胡郡馬庭村に定住したとある。

馬庭念流は戦国乱世と軌を一にして樋口高重が上州馬庭村を根拠地として以来、五〇〇年の気の遠くなるような歳月を歴代に受け継がれ、今日に至っている。

## 樋口家の二つの顔

樋口家には二つの顔があった。ひとつは百姓の樋口家である。念流を伝承する、いわば在地土豪であった樋口家が、兵農分離などの村秩序が強制されるなかでどうなったかについては、くわしくはわからない。この難局に直面したのが八代定次であった。名人と呼ばれた剣豪であったが、五〇八石余あった持高の検地・縄入れをめぐって役人と対立し、家督を弟頼次に譲って出奔したといわれる。究極のところ、樋口家は在地土豪の権益を捨て百姓になる途を選ばざるをえなかったのである。

馬庭村は、村高一〇五一石余の大村であるが、旗本の本間・長崎・山田・京極・長谷川の五家による五給の分割支配となった。樋口家は歴代長崎氏の知行所六七石の名主を務め、百姓名には「十」が頭につく十左衛門、十郎兵衛などを名乗っている。所持田畑屋敷は在地土豪性が払拭されて、歴代に変動があるが、一町にはたっしない中農規模であった。

ところが、馬庭念流宗家樋口氏となると一変する。樋口姓を堂々と名乗り、「定」の一字を入れて世襲名とし、公然と入門の起請文を取って弟子を養成し、流派の運営組織を強化して結社化をはかり、勢力を拡大していった。

馬庭念流隆盛を築いたのは、歴代当主に人材を輩出したことにもよる。とくに一三代将定（一六六六～一七五一）・一四代定暠《さだたか》（一七〇三～九六）・一六代定雄（一七六五～一八三六）・一八代定伊（一八〇八～六七）と、長命にして剣技・指導力に優れた当主に恵まれたことが大きかった。馬庭念流を剣術流派の一結社として分析してみたい。

## 入門者数の推移

樋口家に、未だ戦国乱世の余塵の漂う最古の入門起請文の「誓約」が所蔵されている。

誓約

一、今日より兵法為門弟之上聊不可有疎遠《いささかもそえんあるべからざる》事

一、当家之術法不可交他流事

一、無定而不可勝負《さだめなくてしょうぶすべからざる》事

一、不習者《ならわざるもの》為見間敷《みせまじき》事
一、免許之状無之間当流剣術親兄弟ニ成とも、不可他伝之事
右五ケ條此旨於相背者蒙　天罰、現世ニ而者得《ては》黒白二病、到来世者、阿鼻無間《あびむけん》地獄ニ可令堕
在者也、仍如件
慶長十八年
　丑六月九日　　　　　望月忠右衛門（花押）
　　　　　　　　　　　倉沢忠左衛門（花押）
　　　　　　　　　　　同　正　五　郎（花押）
　　　　　　　　　　　同　作　十　郎（花押）
　　　　　　　　　　　平林太右衛門（花押）
　　　　　　　　　　　大瀬正　　作（花押）
　　　　　　　　　　　師岡源　兵　衛（花押）
　　　　　　　　　　　下村作左衛門（花押）
　樋口主膳殿　　　　　太田加右衛門（花押）

慶長一八年（一六一三）といえば、大坂の陣の一年前である。上州は徳川の支配下にあったが、

豊臣氏は大坂城に盤踞《ばんきょ》し、風雲急を告げていた。樋口主膳は定次出奔の跡を継いだ弟の頼次である。入門者九名は姓名を名乗り、誓約の証に花押を捺している。明らかに武芸者である。

①三世にまで及ぶ師弟の契約

②他流との交わりの禁止

③定めなしの勝負の禁止

④入門しない者には稽古は見せない

⑤無免許の間は親兄弟であっても伝授してはならない

以上の五か条が、結社馬庭念流の加入に当たっての誓約条件である。師匠に忠誠に、流儀の秘法をほかに漏らさないという秘密結社的要素をもっていた。それは起請文形式にも認められる。五か条に違犯すれば、天罰を蒙り、現世では黒白二病にかかり、来世には阿鼻無間地獄に堕ちると秘儀・秘法を共有することのきびしさを認識させている。

入門者数の推移を、残存する入門起請文と門弟帳から集計して表示してみた（左ページ）。馬庭念流が本格化するのは元禄以降、一八世紀に入ってからである。以降、江戸の平和の一世紀半、順調に隆盛をきわめ、幕末維新にいたっている。

一七世紀前半の出だしは将定、後半のピークは定暠、これを一九世紀前半定雄が盤石にし、後

## 馬庭念流入門者の推移

| 和暦 | （西暦） | 起請文人数 | 門人帳人数 | 樋口家 |
|---|---|---|---|---|
| 慶長６～15 | （1601～10） | 0 | | |
| 慶長16～元和６ | （11～20） | 9 | | |
| 元和７～寛永７ | （21～30） | 7 | | |
| 寛永８～17 | （31～40） | 0 | | |
| 寛永18～慶安３ | （41～50） | 0 | | |
| 慶安４～万治３ | （51～60） | 0 | | |
| 寛文元～10 | （61～70） | 0 | | |
| 寛文11～延宝８ | （71～80） | 0 | | |
| 天和元～元禄３ | （81～90） | 16 | | |
| 元禄４～13 | （91～1700） | 32 | | |
| 元禄14～宝永７ | （1701～10） | 134 | | |
| 正徳元～享保５ | （11～20） | 343 | 116 | |
| 享保６～15 | （21～30） | 202 | 227 | 将定 |
| 享保16～元文５ | （31～40） | 525 | 336 | |
| 寛保元～寛延３ | （41～50） | 300 | 229 | |
| 宝暦元～10 | （51～60） | 869 | 760 | |
| 宝暦11～明和７ | （61～70） | 262 | 981 | |
| 明和８～安永９ | （71～80） | 634 | 1523 | 定暠 |
| 天明元～寛政２ | （81～90） | 364 | 2032 | |
| 寛政３～12 | （91～1800） | 747 | 1219 | |
| 享和元～文化７ | （1801～10） | 331 | 1291 | |
| 文化８～文政３ | （11～20） | 8 | 1572 | 定雄 |
| 文政４～天保元 | （21～30） | 11 | 432 | |
| 天保２～11 | （31～40） | 1 | | |
| 天保12～嘉永３ | （41～50） | 68 | | 定伊 |
| 嘉永４～万延元 | （51～60） | 182 | 43 | |
| 文久元～明治３ | （61～70） | 128 | | |
| 明治４～13 | （71～80） | 30 | | |
| 明治14～23 | （81～90） | 465 | 282 | |
| 明治24～33 | （91～1900） | 106 | 308 | |
| 明治34～43 | （1901～10） | 219 | | |
| 明治44～大正９ | （11～20） | 0 | | |
| 大正10～昭和５ | （21～30） | 111 | | |
| 昭和６～15 | （31～40） | 0 | | |
| 昭和16～25 | （41～50） | 28 | | |
| 昭和26～35 | （51～60） | 25 | | |
| 昭和36～45 | （61～70） | 14 | | |

念流が江戸時代中後期に隆盛期にあったことがわかる。定暠・定雄の代には門人数千を数えたという。

半定伊が引き継ぐという見事なリレーであった。

起請文は複数連署と単独の場合があるが、入門者により簡略化もみられるものの、様式は一貫して変わっていない。入門者を名乗りから特定することは、多くが百姓町人であることもあって困難であった。数例を挙げておく。

正徳五年（一七一五）は、「一ノ宮町茂原杢之助血判・六せた村神戸長兵衛血判・本宿町金井八兵衛血判・神多村茂木政右衛門血判」の四名連名の血判、元文五年（一七四〇）は、「武州児玉郡八幡山立石平治郎宗祇花押・立石千之助・小林吉三郎正当花押」の三人である。なかには諱《いみな》を名乗り、花押を用いる者があるが、所在から武士身分とは考えられない。武芸熱の高まりからか、まれではあるが女子の入門者まで現れている。

きしやう文の事

一、今日よりねんりう長刀門弟うへとしていさゝか疎遠すべからざる事

一、免許これなきあいだたとへ親子きやうだい為《たり》とも顕見せましき事

右之通り相そむき候ハヽ、日本大小之神祇殊八まん大神御罰かうむるへき者也、起請文如件

元文二年巳ノ三月吉日　羽鳥氏

まさ血判

樋口藤七殿

藤七は、家督を継ぐ前の定暠の若き日の名前である。女性文字で書かれ、血判が捺された起請文の女丈夫、羽鳥氏のまさ女は不明であるが、武士ではなく郷士格の地方豪農羽鳥氏の息女といったところであろう。

入門者の特定はむずかしいが、居住する在村とその分布は明らかになる。宝暦元年（一七五一）から同一〇年の起請文八六九について、いわば定暠のピーク時の実態を上州・信州・武州の郡単位に入門者数をみると、上州西半分が念流の地盤であったことが判明する。さらに群馬・緑埜・甘楽《かんら》・碓氷《うすい》の四郡の西毛地域に根強い支持があった。八六九の数字とその分布からいって、入門者はほとんどが武士ではなく、百姓・町人であろう。

## 武家名家の入門

馬庭念流樋口家の武名が上州国内に轟いたのか、安永三年（一七七四）、神君家康所縁の、新田郡下田嶋村の交代寄合新田岩松家六代義寄《よしより》（一七三八〜九八）が起請文を提出、入門している。

**起請文前書**

一、従今日念流兵法為門弟之上聊不可疎遠事
一、当家之術法不可譏、他流無定而不可勝負事
一、門弟之外仮令《たとい》雖為親子兄弟　猥《みだりに》不可顕見事
一、稽古勝負合之事意趣ニ込申間敷事
一、免許之状無之間不可他伝他言事
　附、稽古場ニ而《て》猥《みだり》かましき事不可有之事
右之条々於相背者
梵天帝釈四大天王総日本六十余州大小之神祇別而麻利支尊天八幡大菩薩可蒙冥罰者也、仍
起請文如件
安永三甲午二月吉日
　　　　　　　　　　新田岩松
　　　　　　　　　　　源義寄（花押）
　　　　　　　　　樋口十郎兵衛殿

新田岩松家は、新田郡下田嶋村の知行所に屋敷を構える、大名に準ずる交代寄合に任ぜられた

名家であった。知行はわずか一二〇石であるが、武家の正統新田氏と足利氏の二つの血統を引き継ぎ、新田源氏を出自とした徳川将軍家の系譜改竄《かいざん》に深くかかわった由緒は絶大であった。

六代義寄が、多胡郡馬庭の樋口家の念流の名声を伝え聞いて、わざわざ入門のため下田嶋村から足を運んだのであろうか。十郎兵衛は念流最盛期を築いた一四代定暠である。起請文の様式は定暠の諱《いみな》を名乗らず、百姓名十郎兵衛とし、義寄の上位になく高さがほぼ並行しており、身分間の差異を表している。

それにしても、新田源氏の正統の由緒を誇る新田岩松の当主義寄の入門は、馬庭念流樋口家の名声を一段と高めたであろう。

九四歳という当時としてはまれに見る長寿であった定暠は門人五千余人といわれ、念流を普及拡大し、樋口家を不動の宗家にした。とりわけ、剣術が必須とされる支配権力に接近していった。上州の七日市藩六代藩主前田大和守利尚《としひさ》が、定暠に入門している。

**盟約**

此度念流之術法伝授給
門入之上者聊不可他伝他

言候、為其如件
四月十三日前田大和守（花押）
樋口英翁老

簡略化した入門「盟約」である。年未詳であるが、英翁は定畐晩年の号で寛政八年（一七九六）に没しているので、大和守を六代利尚（一七三二〜九二）と特定した。七日市藩は、前田利家五男利孝が上州甘楽郡内に一万石を賜り、七日市に陣屋を置いて領知したことにはじまり、以降連綿と廃藩置県までつづいた。利尚の弟三人も入門、藩士のなかにも入門者が多くいた。

定畐は、小幡《おばた》藩織田家（二万石）にも出入りし、一族・家中の剣術師範に任ぜられている。また肝腎の領主旗本長崎半左衛門（一八〇〇石）に関しては、江戸駿河台の屋敷に招かれ、剣術の業《わざ》を一族の上覧に供し、御紋付上下を拝領している。

英翁一番の栄誉は、寛政六年七月、江戸城西の丸で老中松平定信以下幕閣に「芸術御覧」に入れ、「剣の道　業ヲ勤テ　自ラ　業ヲ離レテ　業ニコソアレ」の道歌《どうか》一首を献じ、賞賜を頂戴したことであった。

大坂夏の陣から一世紀半、戦国乱世の体験者は皆無の時代となった。幕藩領主の剣術は陳腐となり、戦国の遺風をとどめる田舎剣法が新鮮で魅力的であった。馬庭念流は武家の剣術を補強する役割を公認され、土臭い在村剣術の本性が地方の百姓町人の民間に着実に根を下ろしていった。

## 結社の証、奉納掲額

武芸には、神社信仰との密接な関係がある。秘法を守る霊力を神々に期待したからであろうか。神を祭り、感謝をこめて神社に供物《くもつ》を奉納する通例から、いくばくかの金銭を寄付し奉納額を掲げる剣術流派特有の儀礼がはじまった。

そして勢力を誇示し、権威を神意にして示す流派の一大行事に発展していった。神前に秘術を奉納し、武名を列記した額をつくり、参拝者の目の届く神社社屋に掲げる。諸流派間の大流行となり、掲額を競い、あわや大乱闘勃発の事態が生まれていた。馬庭念流の目下確認できる神社仏閣奉納額を表示する（次ページ）。

寛政八年四月一八日、定畐英翁は大往生を遂げるが、枕元に定雄を呼び寄せ、念流を確固とするため、発祥の聖地信州伊奈郡浪合郷を訪ね、氏神摩利支天《まりしてん》社を再興、馬庭樋口家に勧請《かんじょう》するように遺言した。定雄ははるばる浪合郷を訪れ、朽ちた摩利支天社を再建し、三年後の寛政一一年、馬庭の屋敷内に摩利支天宮を建て分祀、念流の守り神とした。

## 馬庭念流の信仰と奉納額

| 和暦　（西暦） | 奉納額の経緯 |
|---|---|
| 寛政９年（1797）<br>同 11年（1799） | 信州伊奈郡浪合郷の摩利支天社再建。高崎八幡宮に奉額。<br>摩利支天社を勧請、宮社を屋敷内に建立 |
| 文化7年（1810）<br><br>同 10年（1813） | 榛名山神社に太々神楽奉納して掲額、神楽執行料3000疋、神酒供料600疋、宮社造替土台金20両奉納<br>上野一宮貫前神社に神楽奉納して掲額、金23両2朱、銭7貫300文奉納 |
| 天保2年（1831）<br>同 7年（1836）<br><br>同 10年（1839） | 山名神社に神楽奉納して掲額<br>伊勢内宮に太々神楽奉納して掲額、神楽料20両、額奉納金1枚2両、額面木代作料12両、掛場所本場所引取料1両1分2朱<br>妙義山中岳神社に神楽奉納・掲額 |
| 弘化3年（1846）<br>同 4年（1847） | 妙義山神社に神楽奉納・掲額<br>碓氷嶺神社に神楽奉納・掲額 |
| 嘉永2年（1849）<br>同 3年（1850）<br>同 4年（1851）<br>同 7年（1854） | 榛名山神社奉納額を修補して再興<br>江戸神田明神に神楽奉納・掲額。高崎八幡宮の額再興<br>江戸浅草観音に掲額<br>讃州象頭山金刀比羅宮に神楽奉納・掲額 |
| 安政４年（1857） | 相州鎌倉八幡宮に神楽奉納・掲額 |

奉納掲額は地元上州貫前・妙義・榛名神社から江戸浅草・鎌倉八幡宮・四国金刀比羅宮にまで及んでいる。

奉納額の初見は、寛政九年四月、高崎八幡宮に一六代定雄が奉納、嘉永三年（一八五〇）一八代定伊が再興した、今日なお現存する額である。

文書資料で掲額の経緯は確認できないが、屋内に掲額されたため保存状態が良く、念流の秘術「矢留」を大書しているのが印象的である。以降、著名神社への奉額に発展していった。

上州国内では榛名山・一宮・山名・妙義山中岳・妙

義・碓氷嶺、国外では伊勢内宮・神田明神・浅草観音・讃州金刀比羅宮《ことひらぐう》・鎌倉八幡宮など、諸国から参詣者が群集する宮社仏閣を選択して掲額した。江戸・鎌倉・伊勢から遠く四国讃岐の金刀比羅宮にまで足を延ばしている。

文化一〇年（一八一三）、上野国一宮貫前《ぬきさき》神社の事例を紹介する。樋口十郎左衛門定雄と稽古場世話人衆中名で神楽奉納金・祝儀その他金二三両二朱と銭七貫三〇〇文を奉納して奉額している。額は三面楼門に架けられ、費用金四両の領収書が存在する。

一札之事
一金四両（印）也
右者今般太々御神楽御修行御額三面楼門江被成御掛置、右場所屋根為修理書面之通被成御寄付、慥《たしかに》受取申処明白也、然者《しかれば》御額面右場所ニ掛置為雨露不致破壊様、拙官方ニ而《て》永代修理差加へ可申候、為後証仍如件
文化十酉年四月　　一宮若狭守内
　　　　　　　　　秋吉刑部[印]
樋口十郎左衛門殿

御稽古所御世話人衆中

額は三面、楼門に掛け置かれ、永代修理を約束している。二〇〇年を経過しているが、貫前神社は現存、往時の偉容そのままである。取りはずされても神社の片隅に眠っている可能性はある。

## 伊香保の額論——馬庭念流と北辰一刀流の対立

民間の武芸熱が沸騰し、馬庭念流が江戸市中の話題にのぼる事件があった。

文政六年（一八二三）、千葉周作は剣術修行の甲斐あって北辰一刀流を開発、江戸を出て廻国修行の途中、上州で門弟となった面々に勧められ、流儀を上州に示さんと伊香保温泉薬師堂への掲額を思いついた。これを耳にした念流関係者は驚き、なんらのあいさつもなく土足で念流揺籃《ようらん》の地を荒らす千葉周作に対し、力で阻止しようとした。千葉の周辺に念流から破門された者がいたといわれ、いっそうの反感を買った。

事件を江戸のビッグニュースにしたのは、曲亭馬琴と親交厚く、江戸で入門経験のあった松蘿《しようら》館《かん》こと柳川藩江戸留守居西原好和の「伊香保の額論」である（『兎園小説』）

樋口家にもぞくぞくと伊香保に集結してくる門人を着到順に宿割りした「文政六未年四月七日

伊香出郷宿割性名帳」が現存し、緊迫した状況が伝わってくる。総勢二七〇人、千葉方の宿を取り囲むように分宿、数に物言わせる。売り出し中の周作もここで逃げたら武名がすたる。一触即発の危機、岩鼻代官所が駆けつけ、掲額を取りやめることで双方が引き揚げ、ことなきをえた。四月七・八日のわずか二日間に二七〇人もの門人が集結している。迅速な結束に結社馬庭念流の実力が垣間見えてくる。二七〇人の背後にはまだまだ門人が多くいても不思議ではない。定utf「門人五千余人」は、あながち虚言ともいえないだろう。

後年千葉周作が江戸に戻り、神田お玉が池に大道場を建て、万余の門弟を抱える市中三大道場のヒーローとなった。それにつれ、「伊香保の額論」の念流は、巷間では、千葉周作の北辰一刀流の上州進出を止めた在村剣術として注目されていく。

いっぽう、江戸の三大道場が喧伝《けんでん》されるなど、武芸が民間の大ブームとなる背景には、講釈や実録本のネタに、剣術流派・剣豪伝が取り上げられ、物語につくられていった過程がある。その代表例が、寛永の御前仕合の捏造《ねつぞう》である。ここにも馬庭念流が登場する。樋口家では家譜に収めている。

寛永十一甲戌歳九月廿一日　徳川三代将軍家光公　御代於吹上御上覧所ニ鎧勝負ニテ甲州中

条五兵衛ト剣道立合被　仰付候

江戸城内で将軍家光の上覧に供したという由緒がつくられ、民間に広まって権威となっていったのである。

## 武者修行のネットワーク

伊香保額論のように、流派間でつねに対立していたわけではない。入門起請文で禁止された他流試合も届け出ておこなわれていた。他流を知らずしては剣技を磨くことはできない。一流の剣士になるためには諸国を廻り、多くの流派と立ち合い、経験を積み、英名を轟かせねばならない。幕藩領主の禄を食《は》む剣術から民間の道場剣術まで武芸ネットワークが張りめぐらされ、他流との試合がマニュアル化して頻繁におこなわれた。武者修行の実績を記録することは自身の実力を証明することになったので、「英名録」などと称して伝えられている。

念流には他流との交流を記録した資料がなかったので、往時の一般的な剣術流派の剣客と称する者たちの交流を紹介する。

天保一三年（一八四二）から安政六年（一八五九）の一八年間、東海道駿州原宿の名勝帯笑園で著名な豪農植松家に立ち寄った「剣客名簿」である（『沼津市史資料編』近世2）。同家には江戸に出て田原藩三宅氏に出仕、神道無念流を修行、杉山藤七郎に随身、のちに家に帰った才助が同居していた。当主は愛鷹山《あしたかやま》の牧士《もくし》を務めており、才助が屋敷内に小道場を構えていたことも考えられる。その縁故でネットワーク入りし、武芸修行の立ち寄り先になったのであろう。訪れた剣客名のあとに年月日、ごくまれであるが「面会」「出会」「試合」と記されるものがある。剣客の名乗りを主な流派の具体例を挙げてみる。

直心影流《じきしんかげ》　御旗本男谷精一郎《おだにせいいちろう》門人豊後府中家中　田中宝作利明（花押）
神道無念流　斎藤弥九郎門人湯浅鉄三郎・久保無二三
小野派一刀流　大久保九郎兵衛門人北村藤馬
鏡新明知流　曽根慶三郎門人筧周蔵信清（花押）
天然理心流　近藤周輔内弟子京極免高正源光寿（花押）
北辰一刀流　川西祐之介門人森御殿内江田一
心形刀流　伊庭軍兵衛門人疋田丑之介

**原宿植松才助を訪問した剣客数と流派ごとの剣客数**

| 和暦　（西暦） | 剣客数 |
|---|---|
| 天保13（1842） | 11 |
| 同 14 | 22 |
| 弘化元（1844） | 13 |
| 同 2 | 10 |
| 同 3 | 3 |
| 同 4 | 8 |
| 嘉永元（1848） | 3 |
| 同 2 | 5 |
| 同 3 | 12 |
| 同 4 | 1 |
| 同 5 | 6 |
| 同 6 | 4 |
| 安政元（1854） | 1 |
| 同 2 | 4 |
| 同 3 | 11 |
| 同 4 | 0 |
| 同 5 | 4 |
| 同 6 | 3 |
| 計 | 121 |

**原宿植松才助訪問の流派ごとの剣客数**

| 流派 | 人数 |
|---|---|
| 直心影流 | 23 |
| 神道無念流 | 20 |
| 小野派一刀流 | 10 |
| 神道無強流 | 7 |
| 一刀流 | 7 |
| 柳剛流 | 5 |
| 鏡新明知流 | 5 |
| 北辰一刀流 | 4 |
| 天然理心流 | 4 |
| 大石神影流 | 2 |
| 心形刀流 | 2 |
| 貫心流 | 2 |
| 神影自弁流 | 2 |
| 神陰流 | 2 |
| 関口流 | 2 |
| *その他 | 16 |
| 小計 | 113 |
| 不明 | 8 |
| 合計 | 121 |

*力心流、八雲神道流、田宮流、林田当流兵法、神妙流、天羽流、日下一指流、鹿島流、本心鏡智流、荒木流、忠也派一刀流、真揚流、三和倭流新陰柳生流、種田流槍術、起倒流柔術…各1

32の多彩な流派の121人の武芸者が一武芸愛好者植松才助の元を訪れている。武者修行ネットワークの存在を暗示している。

才助は弘化二年（一八四五）七月五日、三二歳で急逝したため、没後は、帰郷後頻繁に訪れていた武芸者が減少するが、それでも一二一人もの血気盛んな剣士が東海道を闊歩《かっぽ》し、原宿の神道無念流植松道場に立ち寄り、流派の秘技を披露した事実は明らかである。年次の訪問剣客数と流派ごとの剣客数をまとめてみた（右ページ）。

直心影流が二三人ともっとも多く、師も男谷精一郎・島田虎之助ら六人と多彩である。才助の神道無念流は二〇人、斎藤弥九郎・戸賀崎熊太郎ら六人、才助の師匠杉山藤七郎の門人三人も含まれている。小野派一刀流一〇がこれにつづく。江戸流行の剣法、鏡新明知流・北辰一刀流・天然理心流は七・八の上位を占める。流派の総数三二、個々については不明であるが、一小道場にしてかくも多種多様な剣術が交流されていたのである。

しかも前述した上州の馬庭念流はまったく姿を現していない。日本国じゅうに敷衍《ふえん》すればたいへんな武芸熱である。この流派の簇生とネットワークの賑わいをどのように理解したらよいのか。

## 江戸の平和と武芸ネットワーク

この剣術・武芸のネットワークを支えていたのは、なんだったのであろうか。馬庭念流は小藩の藩士子弟がわずかに混じっていたが、大半は在村の百姓身分の若者であった。原宿の剣客も堂々と武士の名乗りをしているが、多くは百姓身分の武者修行者ではなかろうか。

兵農分離によって禁止された剣術は、武士がいなくなって無防備になった村によみがえってくる。自衛のため、隠れていた剣術と秘蔵されていた武具を呼び戻し、かつて武士だったという由緒をくすぐり、アイデンティティを刺激した。

剣術は武芸として人びとを魅了、流派に結集し、全国ネットワークに拡大する。これを即、幕府に敵対する倒幕と結びつけるのは早計である。馬庭念流の最盛期は一八世紀にあった。江戸の平和があるからこそ生まれた文化である。

# 第七章

# 旅する人びと

# 順礼の旅

## 江戸の平和と人びとの旅

戦国乱世に訣別した天下太平の世は、人びとの移動、旅を一変させていった。戦火に追われ、命からがら逃げ惑う難民の旅から、みずからの思いを託す物見遊山の旅に様変わりしていった。まさに江戸の平和の恩恵である。

ハードな徳川幕藩体制が確立して治安が安定し、後述するが旅人の保護に力点が置かれるようになっていく。五街道をはじめ脇往還・参詣道の陸上交通、さらに河川・海上交通にいたるまで、宿駅や湊・河岸などのインフラが整備された。もちろん、参勤交代制度の影響が大きいが、民間の旅行熱も無視できなかった。

二〇ページで取り上げたが、寛文一二年（一六七二）に「天下和順」「兵戈無用」の平和を祝福・祈願して庚申《こうしん》供《く》養塔《ようとう》を建立した駿州葛山《かづらやま》村では、一二〇年後の元禄五年（一六九二）、はるばる西国三十三所順礼に出かけた村人が、帰村後に供養塔を建立している。

江戸の旅は活発にして多様であった。参勤交代から種々の公務・公用の旅、商用から寺社参詣など私用の旅まで、日本国じゅう旅人で大賑わいであった。

特筆すべきは、公から私まで旅人が記録を残していることである。膨大な公式記録から私的旅日記類まで、多種多様な記録が書き残され、御家流文字文化の成果を物語っている。いっぽう文字にして残せなかった旅人は、新鮮で苦しかった旅を記念して石造物を建てて証《あかし》とした。本章では、江戸が平和であったという事実をもっともよく教えてくれる、幕府法令上は移動を禁止された民間人の旅を紹介しようと思う。

まずは、文字化されることがなかった隠れた順礼の旅を、石造物・順礼供養塔から明らかにしていきたい。いまさら順礼のくわしい解説も必要なかろうが、霊験あらたかな仏教霊場を札所《ふだしよ》として巡拝することによって先祖を供養し、みずからは生まれ変わろうとする信仰の旅である。

平安末期に摂関家貴族の観音信仰から生まれた「西国三十三所（番）」、鎌倉幕府の誕生から東国に設定された「坂東三十三所（番）」、坂東に刺激されて成立した「秩父三十四所（番）」の一〇〇番が、もっとも人びとが憧れた順礼であった。他方、弘法大師がひらいたといわれ、苦行難行の高度の修錬が求められる「四国八十八所（番）」の聖地をたどる「遍路」があった。これが順礼一〇〇番に加われば一八八番となる。

これら順礼を成就することで心願を果たせば、いちだんと高い宗教的境地にたっすると信仰されていた。個々の順礼から西国・坂東・秩父の一〇〇番、これに四国八十八所を加えた一八八番、ありとあらゆる霊場をマスターする廻国まで、高水準の順礼が用意されていた。

またさまざまに組み合わせた思い思いの順礼もおこなわれた。この地域の村々からの順礼は、坂東・秩父で一か月以内、西国二、三か月、四国にいたっては半年から一年を要した。路銀は、施行《せぎょう》もあったが、少なくとも両単位の出費を見込まなければならなかった。路銀に不足があれば、物乞いをするなど旅中に稼がねばならず、おのずと長期の旅となる。

長途の旅に要する時間と多額の路銀を捻出できない人びとのために、時間と費用に無理のない、七日前後の簡易なミニチュア版の地方順礼が用意されていた。これとて霊場めぐりの醍醐味の幾分かは味わえた。

## 駿東・田方地域の順礼供養塔から

順礼の大流行は、その宗教的証《あかし》としての順礼供養塔建立を儀礼化した。かつて静岡県の東部（駿州駿東《すんとう》郡と豆州田方《たがた》郡）に点在する順礼供養塔に着目し、調査したことがある（「民衆の旅——順礼供養塔からみた旅の教育・文化史的意義」）。寺院や廃墟となった堂・庵、なかには路傍にひっそり建つ、忘れられた石造物であった。悉皆《しっかい》調査にはとうてい至らなかったが、江戸時代の民衆の順礼を明らかにするためには恰好《かっこう》の資料であった。いま、江戸の平和に向かいあうとき、順礼供養塔を見直す意味はあるように思い、見直してみた。

これら供養塔に刻まれた霊場めぐりごとに集計したのが次ページの「駿東・田方地域の順礼」である。順礼供養塔は二五種類にもおよぶ組み合わせをしている。僅少であるが、湯殿山・善光寺・金刀比羅の参詣が入ったものもある。

もっとも多いのは地方霊場横道《よこどう》（堂）のみの六七基、四〇〇人である。西国単独が五〇基、二六二人、西国・秩父・坂東の一〇〇番以上クリアの三五基、一二一人がつづく。一〇〇番に四国を加えた一八八番以上は九基、二三人にのぼる。単独で順礼に出ることはまれで、同行の道連れ、講中の仲間との旅であった。

順礼供養塔と順礼者数を、最古の貞享四年（一六八七）を初発に一〇年単位に集計して時代的推移の分析を試みたのが、二七三ページの表である。塔数・順礼者数ともに、宝永四年（一七〇七）から文化一三年（一八一六）の一一〇年が最盛期であったことが判明する。まさに江戸の平和が熟成した時代と重なる。

後述するが、とくに注目したいのが女子の順礼である。男四四二人に対し女子は二九一人、男女比六対四である。これをどう考えるかであるが、封建的身分制度の家父長制下、男尊女卑と

## 駿東・田方地域の順礼

| | 塔数 | | 判別した順礼同行者数 | | | |
|---|---|---|---|---|---|---|
| | 総数 | 人名記載 | 男子 | 女子 | 性別不明 | 小計 |
| 横道 | 67 | 47 | 84 | 202 | 114 | 400 |
| 西国 | 50 | 45 | 185 | 22 | 55 | 262 |
| 日本廻国 | 5 | 4 | 4 | 0 | 0 | 4 |
| 西・四・秩・坂・横 | 1 | 1 | 5 | 5 | 0 | 10 |
| 西・四・坂・秩 | 7 | 6 | 10 | 2 | 0 | 12 |
| 西国・四国 | 5 | 5 | 6 | 0 | 0 | 6 |
| 西・秩・坂・横・善 | 1 | 0 | | | | |
| 西・秩・坂・横 | 8 | 8 | 16 | 13 | 22 | 51 |
| 百八十八番 | 1 | 1 | 1 | 0 | 0 | 1 |
| 百三十三所 | 1 | 1 | 1 | 0 | 6 | 7 |
| 百番 | 14 | 9 | 20 | 6 | 13 | 39 |
| 百番湯殿金刀比羅 | 1 | 1 | 1 | 0 | 0 | 1 |
| 西・秩・坂・善 | 1 | 0 | | | | |
| 西・秩・坂 | 10 | 9 | 29 | 1 | 0 | 30 |
| 西・横・手石・善光 | 1 | 1 | 3 | 0 | 0 | 3 |
| 西国・善光寺 | 1 | 1 | | | 8 | 8 |
| 西国・秩父・横道 | 6 | 4 | 4 | 4 | 16 | 24 |
| 西国・秩父 | 4 | 4 | 23 | 13 | 10 | 46 |
| 西国・横道・地蔵 | 1 | 1 | | 1 | 2 | 3 |
| 西国・横道 | 4 | 4 | 10 | 17 | 11 | 38 |
| 西国・坂東 | 1 | 0 | | | | |
| 秩父・坂東・横道 | 3 | 0 | | | | |
| 秩父・坂東 | 9 | 6 | 33 | 0 | 4 | 37 |
| 秩父・横道 | 2 | 1 | 2 | 5 | 0 | 7 |
| 秩父 | 5 | 4 | 5 | | 26 | 31 |
| 不明 | 4 | 1 | | | 5 | 5 |
| 計 | 213 | 164 | 442 | 291 | 292 | 1025 |

25種類の順礼であり、地方霊場横道と西国・坂東・秩父の百番、四国八十八番にほぼ二分されている。女子が男子の66パーセントであることに注目。なお塔数には重複がある。

## 供養塔と順礼者数の推移

| 和暦　　　（西暦） | 塔数 | 総人数 | 女子数 |
|---|---|---|---|
| 貞享４～元禄９（1687～1696） | 4(3) | 39(35) | 0 |
| 元禄10～宝永３（1697～1706） | 4(2) | 31(11) | 5 |
| 宝永４～享保元（1707～1716） | 10(10) | 73(70) | 15 |
| 享保２～享保11（1717～1726） | 20(7) | 105(58) | 22 |
| 享保12～元文元（1727～1736） | 17(11) | 74(52) | 15 |
| 元文２～延享３（1737～1746） | 18(14) | 69(59) | 30 |
| 延享４～宝暦６（1747～1756） | 18(10) | 133(68) | 48 |
| 宝暦７～明和３（1757～1766） | 13(5) | 55(34) | 23 |
| 明和４～安永５（1767～1776） | 13(4) | 88(33) | 38 |
| 安永６～天明６（1777～1786） | 14(8) | 81(53) | 46 |
| 天明７～寛政８（1787～1796） | 12(3) | 57(12) | 6 |
| 寛政９～文化３（1797～1806） | 20(7) | 89(21) | 18 |
| 文化４～文化13（1807～1816） | 13(3) | 39(8) | 15 |
| 文化14～文政９（1817～1826） | 9(2) | 59(33) | 2 |
| 文政10～天保７（1827～1836） | 6(2) | 12(8) | 5 |
| 天保８～弘化３（1837～1846） | 4(1) | 11(7) | 2 |
| 弘化４～安政３（1847～1856） | 2(0) | 3(0) | 1 |
| 安政４～慶応２（1857～1866） | 3(1) | 2(1) | 0 |
| 慶応３～明治９（1867～1876） | 0 | 0 | 0 |
| 合計 | 200(93) | 1020(563) | 291 |

18世紀初頭から19世紀初頭にかけて、江戸時代中期の110年間が最盛期であったことがわかる。19世紀以降の急激な減少は、供養塔建立の儀礼が変容したためであろう。

いった硬直した近世史観からみれば、矛盾した予想外の数字であろう。これから順礼供養塔の旅の実態に迫るためには、掘り下げた個別分析が不可欠になる。その前に地方霊場横道三十三所（番）を紹介しておきたい。

## 地方霊場横道三十三所

横道は「駿河・伊豆両国三十三所」と呼ばれ、伊豆・駿河両国にまたがる三十三か寺を札所にして順礼する（『順礼札所御詠歌』）。西国三十三所を模してつくられたことはいうまでもない。一覧表にしてさらに現行の地図に落としてみた（左ページ）

豆州三島宿白滝観音を一番札所に駿州大内霊山寺を札留《ふだどめ》とした、伊豆国から駿河国を横断するコースに札所は設定されている。名刹《めいさつ》・大寺を予想したが、多くは小寺、堂・庵らしきである。宗派を調べてみると、真言、禅宗の曹洞・臨済、時宗とバラバラで、一貫性は認められない。一大勢力の日蓮宗の関与はまったく認められない。その後順礼の衰微とともに廃寺になるか、寺院に吸収された札所が一一か所もある。

どうも本末制度と檀家制度に守られ、俗化して村内に権力化した宗派寺院とは無縁なところで、人びとの下からの切なる信仰の支持基盤があって生まれてきたのではなかろうか。

## 駿河・伊豆両国横道三十三所順礼略図

| | 地名 | 寺名 | 宗派 | | 地名 | 寺名 | 宗派 |
|---|---|---|---|---|---|---|---|
| 1 | 三島 | 白滝観音(廃寺) | 尼寺 | 18 | 滝川 | 妙善寺 | 臨済宗 |
| 2 | 三島 | 竹林寺(廃寺) | 真言宗 | 19 | 天間 | 清林寺 | |
| 3 | 間宮 | 清水寺 | 真言宗 | 20 | 星山 | 大悟庵 | 曹洞宗 |
| 4 | 北条 | 華尊院(廃寺) | 曹洞宗 | 21 | 蒲原 | 龍雲寺 | 臨済宗 |
| 5 | 牧之郷 | 合掌寺(廃寺) | 曹洞宗 | 22 | 由比 | 大法寺 | 臨済宗 |
| 6 | 益山 | 益山寺 | 真言宗 | 23 | 阿僧 | 新国寺 | |
| 7 | 重寺 | 大慈庵(廃寺) | 臨済宗 | 24 | 興津 | 瑞雲寺 | 臨済宗 |
| 8 | 江間 | 北条寺 | 臨済宗 | 25 | 妙音寺 | 教能寺(廃寺) | 臨済宗 |
| 9 | 大平 | 徳楽寺 | 臨済宗 | 26 | 平沢 | 平沢寺 | 真言宗 |
| 10 | 堂庭 | 蓮華寺 | 真言宗 | 27 | 音羽 | 清水寺 | 真言宗 |
| 11 | 木瀬川 | 亀鶴山観音寺(廃寺) | 臨済宗 | 28 | 向敷地 | 徳願寺 | 曹洞宗 |
| 12 | 沼津 | 円通寺(廃寺) | 臨済宗 | 29 | 建穂 | 多教寺(廃寺) | 真言宗 |
| 13 | 千本 | 長谷寺 | 時宗 | 30 | 慈悲尾 | 増善寺 | 曹洞宗 |
| 14 | 沢田 | 玄機庵(廃寺) | 臨済宗 | 31 | 足久保 | 法明寺 | 曹洞宗 |
| 15 | 柳沢 | 広大寺 | 真言宗 | 32 | 府中 | 長谷寺(廃寺) | 真言宗 |
| 16 | 井出 | 大泉寺 | 曹洞宗 | 33 | 大内 | 霊山寺 | 真言宗 |
| 17 | 増川 | 福聚院 | 曹洞宗 | 番外 | 熱海 | 東光寺 | 真言宗 |

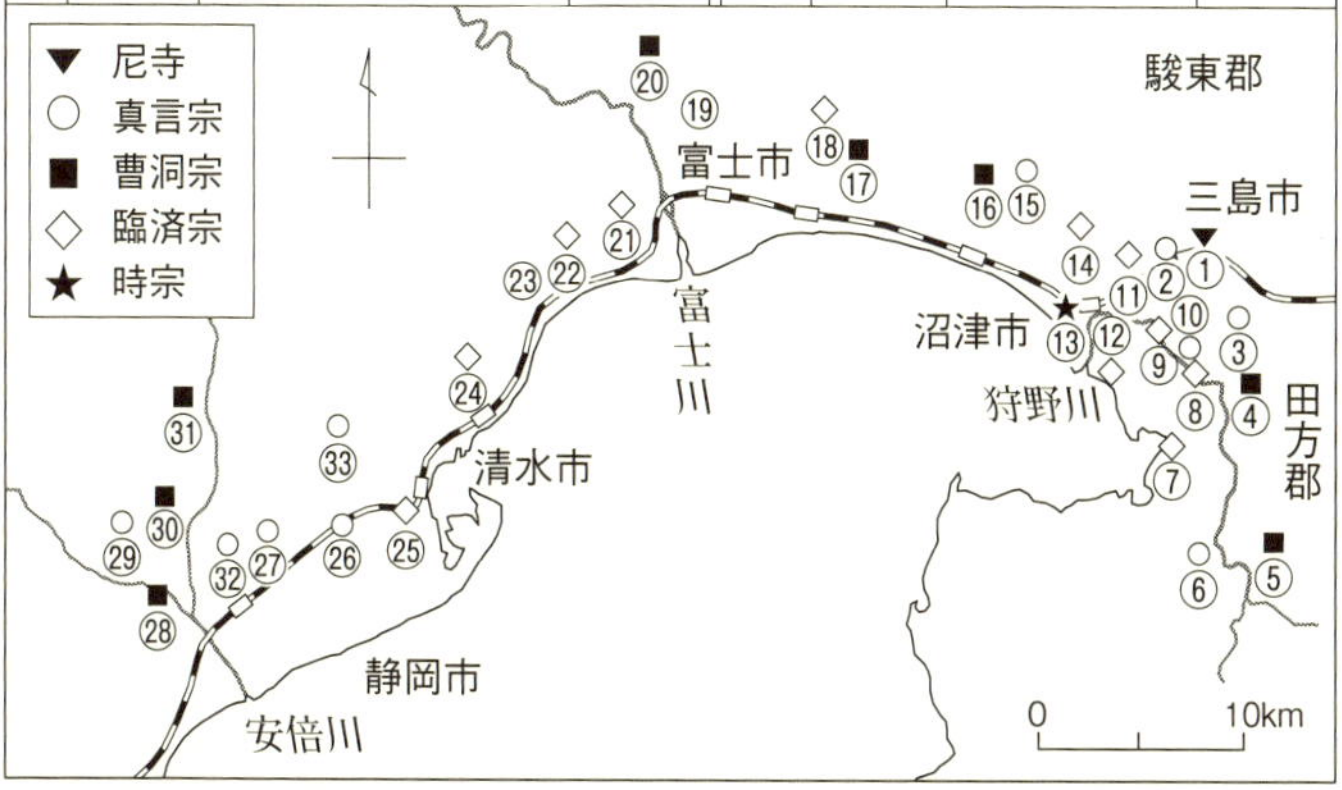


ほぼ東海道に沿い、難行・苦行の試練の道中ではなかった。娘・女房・御袋といった女性陣の順礼者が多く、村の念仏講・観音講が基盤になって習俗化していたとも考えられる。

横道の順礼供養塔は、元禄五年（一六九二）の駿東郡柿田村普済寺《ふさいじ》境内の「為横道三十三所建立焉」と刻まれた観音石像がいちばん古かった。最古の順礼供養塔は貞享四年の駿東郡大御神《おおみか》村万昌寺（現、小山町）の庚申供養塔に合体したものであるが、霊場の銘記はなく、「同行三十五人内十四人内信士六人」と判読できた。三五人の多人数から、西国・秩父・坂東といった大がかりな順礼に出たとは考えられない。おそらく横道であろうと推測される。

西国の最古が元禄五年の駿東郡葛山所在のものであるので、順礼供養塔の建立の儀礼には、この地域独自の霊場横道がかかわっていたことが裏付けられる。

横道とはどのような順礼であったのか。宝永五年（一七〇八）の御宿《みしゅく》村安右衛門母の横道順礼のようすが、安右衛門の日記からみえてくる。

二月一五日　壬戌　朝曇ル　勘三郎

安右衛門母横道へ罷立候《まかりたちそうろう》、道連れ甚四郎御袋・権左衛門御袋・与兵衛・文左衛門女房・

源右衛門御袋・長兵衛女房〆七人、葛山村源兵衛、千福村より弐人、六郎左衛門・六兵衛、

都合十人、安右衛門母三十三所ノ納札案書

宝永五年　　　　駿州御宿村

奉納横道三十三所　　湯 山 氏
　　子ノ二月　　　　身誉理報
　外諦誉聴夏　如此札弐枚納候袋

安右衛門は御宿村の草分け地主で、世襲名主を務める豪農湯山家の主である。母親の横道順礼出立のようすを書き留めてくれている。道連れの同行は御宿村七人、葛山村一人、千福村二人の都合一〇人である。男子はわずか三人、女子が七人を占め、御袋が四人、女房三人である。この横道順礼が、一家の隠居した御袋と主婦、いわば一家の台所を預かる女性陣が主役であることは明らかである。三人の男子は道案内の付添役であろう。「身誉理報」「外諦誉聴夏」は戒名と思われ、亡くなった近親者の供養のため、納札に付記されたものであろう。

二日後の一七日、安右衛門は母の安否が気になったのか、一一番木瀬川観音寺を訪れ、一行は昨日八つ（午後二時）ごろ通過したと聞き、一六番井出の大泉寺まで追いかけ、母親と会っている。二二日、無事帰宅。翌二三日、安右衛門は道連れの千福村六郎左衛門・六兵衛をわざわざ訪れ、「見舞申」している。なにかと母が世話になった、その御礼のあいさつであろう。横道は女性の足での七泊八日の行程であった。ちなみにこの横道順礼の供養塔は、発見されていない。

## 順礼の旅をした人びと

順礼に出かけ、帰村後供養塔を建てた人びとは、どのような村人であったのだろうか。まず吉久保村を事例に、村の順礼を探ってみたい。湯山文右衛門が手習塾を開業した吉久保村である。五基の順礼供養塔を確認した。内訳は横道二基、西国一基、一〇〇番二基である。建立者の名前が確認できたのは、享保一一年（一七二六）の西国の四人、享和三年（一八〇三）の一〇〇番の四人、文化一四年（一八一七）の一〇〇番二人の三基であった。横道は同行人数のみで、名前はない。

この一〇人について吉久保村の宗門人別帳で探索したところ、六人について特定することができた。家族構成・年齢・持高が明らかになれば巡礼者の実像に迫れる。公文書の人別帳の女性は、だれそれ女房・母といった男性に付属した名乗りが用いられ、実名を記載することはごくまれであった。特定はむずかしく、推定がともなう。

享保一一年の西国は、持高一八石余の名主渡辺三郎兵衛（六八歳）と弟七郎兵衛（六〇歳）が、同姓の太郎右衛門（三一歳）と天野平三郎を道連れに念願の西国順礼をやり遂げたという構図である。七七年後の享和三年の一〇〇番は、百姓代渡辺染右衛門・おりん夫婦と女性二人の西国・秩父・坂東の長途の順礼である。女性三人に夫が道連れとなった構図である。文化一四年の一〇〇番は、天野太右衛門は持高わずか七斗四升であるので、女房きくとの乞食順礼に近い心願の旅であったように推測される。

時代が下がるにしたがい、長期の歳月と路銀を必要とする一〇〇番においても女性が主役となっていったことが明らかになる。どのような女性が順礼に旅立ったのだろうか。

## 女性の順礼

女性の順礼者を特定することが可能な順礼供養塔を、豆州田方郡加殿《かどの》村（現、伊豆市）で見いだした。

明和八年（一七七一）九月建立の「奉順礼西国三十三所」と正面に彫られた供養塔である。加殿村観音講中の同行七人の女性が刻まれていた。

観音講中
正福寺母
太郎兵衛母
喜八良内
藤兵衛内

西国順礼同行者の持高推移　　（単位は石）

| | 宝暦元（1751） | 明和6（1769） | 明和8（1771） | 安永3（1774） | 安永6（1777） | 天明2（1782） |
|---|---|---|---|---|---|---|
| 藤兵衛内 | 0.21 | 0.21 | 0.21 | 0.21 | 0.11 | 0.11 |
| 利左衛門内 | 0.454 | 5.464 | 8.452 | 11.321 | 10.671 | 9.141 |
| 仙（専）右衛門内 | 23.9529 | 31.0479 | 26.7199 | 27.7199 | 15.9597 | 9.5733 |
| 喜八郎内 | 1.4201 | 2.077 | 2.69 | 2.69 | 4.78 | 8.036 |
| 小左衛門内 | 1.671 | 2.114 | 2.564 | 2.124 | 2.124 | 1.386 |
| 正是院（正福寺）内 | 2.37 | 2.37 | 2.37 | 2.37 | 2.37 | 2.37 |

遠く路銀を要する西国順礼においても持高の有無多少が必ずしも順礼決定的要因とはなっていないことがわかる。

利左衛門内
仙（専）右衛門内
巨（小）左衛門内
　　同行七人

「内」とは「内儀」の略称、女房・妻の別称である。加殿村の観音講を構成する女性の同行七人で、西国三十三所の順礼をやってのけたのである。七人の女性はどのような階層の家の母堂・内儀であったろうか。

男性名からアプローチが可能である。村の戸籍にあたる宗門人別帳を探しだすことはできなかったが、村内の年貢高の詳細を記載した「豆州田方郡加殿村御年貢高并《ならびに》見出し高帳」から、六人についてなんとかたどりついた。六人の持高とその推移、さらに村内における階層について右ページの表にまとめた。

大地主の仙（専）右衛門の二六石七斗一升余、小地主の利左衛門の八石四斗五升余をのぞく四人は、村内の下層の部類である。二石台の喜八郎・巨（小）左衛門・正是院はかろうじて自作農、二斗一升の藤兵衛は零細な最下層である。太郎兵衛母は不明であるが、女性六人の同行は、持高の大小、貧富に関係なく観音講中に組織され、心願の順礼を敢行したのである。躍動する、たくましく、図々しい女七人の道中が彷彿《ほうふつ》としてくる。

それでは、女性の順礼は全体の流れとしてはどのようであったろうか。この地域で調査した順礼供養塔に彫刻された女性とおぼしき者を摘出して分類したのが二七二ページの表である。横道が二〇二人で、西国の二二人を圧倒している。女房が一一九人で、母が九七人である。たった一人ではあるが、下女がいる。

注目すべきは、堂々順礼供養塔に実名を刻ませている女性が、四〇人も存在することである。これをどう理解したらよいのか。

寛延三年（一七五〇）一〇月二二日の豆州田方郡伊豆佐野村（現、三島市）の「横道順礼供養」塔には、女性一〇人、男性二人が刻まれている。

おその　おつた
おとめ　おまん
おさな　おきな
おかつ　おさわ
おきよ　おさん
勘左衛門　源左衛門

女性が二名づつ連記され、末尾が男性二人の並記となっている。「お」のついた女性は村の未婚の娘たちではなかろうか。男二人は付添い・監督者であろう。横道は女性の足で八日程度、若い娘なら短縮が可能である。これから嫁ぎ、刀自《とじ》となって家を切り盛りする娘に、世間の風に当たらせる教育実習であったようにも思われる。

村の娘たちも、物見遊山のレクリエーションなしには、おとなしく村内・家内におさまっていなかったのではなかろうか。

半世紀後の寛政一一年（一七九九）九月吉日の田方郡北沢村（現、三島市）の「奉巡礼観世音菩薩」塔には、女性ばかり八人が並記して彫刻されている。

**巡礼奉納絵馬**　着飾った女性ばかり8人のにぎやかな一行である。結願の横道33番、駿河大内霊山寺に掲げられていた(石津豊氏提供)。

願主　おさよ　　おしけ
　　　おやす　　おこよ
　　　お元　　　おかじ
　　　おかや　　おちよ

男性の名前はない。八人は付添いの男どもの力を借りず、むしろ排除して女だけで順礼を完遂したのである。

おそらく娘八人の、やかましい、男どもの気を引く道中であったろう。

か弱き娘のみで順礼の旅が可能になるためには、弱者の旅の安全を保証する治安警察体制とインフラが整備されることが不可欠である。

## 幕府の行き倒れ保護

幕府は、五街道・脇往還の公的整備とともに民間の旅人の保護・管理にも目を向けていた。旅人にとっていちばんのセーフティネットは、途中で発病したり、思わぬ事故に遭遇し、行き倒れ状態になった非常時の保護・救済であった。いつどこでなにが起ころうが、差別なく一様に手厚い取り扱いが保障されていることである。まずは幕府の法令として定めていることが、旅人の安心につながる(『徳川禁令考』前集六)。

元禄元年(一六八八)、順礼供養塔初発の翌年、将軍綱吉の生類憐れみ政策の一環として「旅人取扱幷牛馬等之儀ニ付廻状」が、道中奉行から東海道宿々問屋名主に発令された。「道中ニて旅人、或ハ物参相煩《あいわずらい》、旅行難成旨《なしがたきむね》申者」「旅人の病人」が発生した際は道中奉行への届け出を義務化し、ずいぶんと入念な薬用の手当をするように命じ、国元の親類縁者への連絡をとることは詳細の報告を受けた上で差図するとした。病死した場合は、支配代官の手代、地頭の役人を招き、問屋・年寄立合いの上、埋葬し、経緯を支配手代・役人を通じて注進するよう指示している。

享保一八年(一七三三)には、「宿々病人倒死之者取計之儀触書」が、「道中宿々不残」に令達された。病人・倒死者に関する独立した法令である。病人の在所が判明したときは差図を待たず、たとえ遠国であろうとも通知して希望した親類縁者には引き渡し、養生後回復して出立した場合でも、経過を逐一宿継で道中奉行に注進するという原則が固まった。問題は倒死者の扱いである。

倒死之者ハ懐中ニ国所書付等も有之候ハヽ、其在所江申遣《そのざいしよへもうしつかわし》、親類縁者之《の》もの罷越《まかりこし》、死骸望次第《しがいをのぞみしだい》、可任望候

旅先で突然死しても「懐中ニ国所書付」を携帯していれば身元が証明され、在所の親類縁者にきちんと通知され、親類縁者の望みにまかせるという原則である。残るは費用をだれが負担するかである。

二年後の享保二〇年、旅人病人にかかる費用について「其病人又者《または》在所より差出候《さしいでそうら》ハヾ格別、無左候《さなくそうら》ハヾ、自今《じこん》弥宿中以割合可差出候事《わりあいをもってさしいだすべきそうろうこと》」、つまり病人本人か在所の親類縁者が出金するのは別として、今後は宿中の割合による全体の負担とする原則も発令された。

また、「道心者体、廻国の類」には、特例をつくって倒死者の取扱を簡便化した。

一、道心者体、廻国之類倒死之時、怪敷儀《あやしきぎ》も無之《これなく》、懐中ニ、何国ニ而相果候共《いずくにてあいはてそうろうとも》其所ニ葬候様ニ、本寺触頭、其在所之寺院、或ハ親類等之慥成書付有之候《たしかなるかきつけこれありそうら》ハヾ、前々之通、在所江《ざいしよえ》弥

相届候ニ不及《およばず》、其所江取置可申事

順礼の旅人に配慮した措置である。懐中に後生大事に携帯されていた「書付」とはなにか。いうまでもなく「往来一札」とか「往来手形」と呼ばれた、いまでいえばパスポートである。往来手形が、旅人の身元保証書として公認されたのである。

三二年後の明和四年（一七六七）、「病人倒人等取計之儀ニ付御触書」で集大成する。病人に薬用のみならず医師による診療、在所への連絡、詳細な経過の支配代官・地頭・道中奉行への届出が義務づけされ、療養の手当もしないで宿継・村継することを厳禁した。

あらたに規程されたのが、路用を使い果たし、自力で帰村できない旅人の取り扱いである。支配役所の許可を得たうえ、駕籠《かご》などに乗せ、宿から宿へ、村から村へのリレーで国元へ送り届けるという、宿継・村継の救済システムが公認された。そして病人・倒死者の処置にかかった費用の「宿割村割」の原則、道心者・廻国体の死者に対する簡便な措置も再令している。

元禄元年から享保一八・二〇年を経て明和四年に完結する幕府の旅人保護の法令施行は、前述した順礼供養塔の推移と照応しているように思われる。二七三ページの表を参照してほしい。

元禄元年の前の年の貞享四年（一六八七）にはじまり、享保一八・二〇年ごろから一気に盛り上がり、明和四年には安定した成熟期を迎えている。法令のほうが順礼供養塔の順礼の旅の動向にやや後追い気味に出されていることが、浮かび上がってくる。

## 死出の旅の往来手形

弘化四年（一八四七）七月二二日、豆州君沢郡長浜村（現、沼津市）の勘助は入湯先の上州草津温泉六兵衛の宿で病死した。勘助は旅先で病死した「倒死之者」にあたる。勘助がどのように扱われたか。幕府法令は遵守されたのか。試金石として興味がそそられるものがあった。

死者の国元、伊豆の長浜村は遠隔の地にあり、当事者の宿六兵衛とその五人組、届け出を受けた村役人は対策に苦慮しながらも、「道心者廻国之類」の規程に忠実に簡便な処置を行っている。

勘助の草津への旅は、のんびり入浴を楽しむ温泉三昧の湯治ではなかった。勘助は「年来癩病相煩」い、大野村宇左衛門に付き添われ、二月三日出立、一三日薬湯草津温泉にたどりついた、いわば草津を死に場所と覚悟した死出の旅であった。

入湯二か月後、長期の逗留に限界がきたのであろうか、宇左衛門は勘助を宿六兵衛に託し、草津を発って帰村した。去るに当たり、勘助の最期は親類縁者が承知しており、そのため旦那寺発行の往来一札を持参しているので、死後の国元への照会などは双方の過重な負担となるため、どうか往来一札の規程にしたがい、草津の作法による簡便な処置をお願いしたいと言い残していた。

いったんは「国元へ申遣シ死骸取計之者」を呼び寄せる案が持ちあがったが、宇左衛門の頼みもあり、勘助出立時に諸親類相談のうえ持参させた旦那寺安養寺発行の往来手形が「御取用」になって草津光泉寺が請け合い、埋葬された。

葬儀費用は、勘助からの預かり金一両二分と途中帰村した宇左衛門が託した一両二分の三両で賄われた。勘助が持参した往来手形は村役人に提出され、草津町有文書のなかに現存する。

**往来手形之事**

一、当村百姓勘助儀代々時宗拙寺檀中ニ紛《まぎれ》無御座候、此度依心願《このたびしんがんにより》諸国神社仏閣拝礼ニ罷出候間《まかりいでそうろうあいだ》所々
御関所無相違御通可被下候、若亦《もしまた》行暮候節は一宿之御世話可被下候、於途中病気亦は病死仕候ハヾ何卒《なにとぞ》御所之以御慈悲御取置可被下候、其節此方江態々《わざわざ》不及御沙汰候、御序《おついで》之節為御知可被下候、一札仍而如件

弘化四未年
二月三日

相州藤沢山清浄光寺《とうたくさんしょうじょうこうじ》末
豆州君沢郡長浜村

時宗　安養寺㊞

所々
御関所
　御役人中
町々村々
　御役人中

長浜村は駿州と豆州に連なる漁業が盛んな内浦湾の中央に位置する中世からの漁村である。前年の宗門改人別帳から勘助とその家族が明らかになった。勘助は二四歳、兄嘉七（三九歳）・こう（三一歳）夫婦・姪りん（三歳）と母きみ（五七歳）、姉ちま（二三歳）の六人家族であった。家族と親類縁者は勘助の行く末を案じ相談を重ね、草津入湯の旅を決めたのであろう。路銀を出し合い、草津に向けて発たせた。死亡のとき勘助が所持していた死に金三両は大金である。

母きみと兄嘉七は、勘助の草津での最期を覚悟し、安養寺住職に懇願して往来一札を持参させることにした。事情を聴いた住職は、物見遊山に出かける檀家に書き与えるのとは違い、思いをこめて筆を執ったのであろう。どこか、力の入った筆さばきで、宗判も鮮明である。「途中病気か病死したときはどうか現地のお慈悲ある作法で処置してくださいこちらへ連絡には及びません、ついでがあったときでもお知らせてください」の文言にかかったときには思わず筆を止め、しかと一字一句誤りなきよう念を入れたであろう。母きみと兄嘉七は、往来一札を肌身離さず懐中に携帯するよう繰り返しては、最後となる今生の別れを惜しんだ。

ところで勘助の最期のようすは、国元豆州長浜村に知らされたであろうか。往来一札を発行した安養寺の過去帳を閲覧、勘助の命日七月二二日を目安に分厚い冊子をめくっていったところぴったり適中した。

頓阿了性信士　　七月廿二日　　嘉七弟

草津温泉で病死した勘助は、幕府法令を遵守して手厚く葬られ、幸便をもって往来一札を発行した国元長浜村の安養寺に通知され、家族親類縁者によって法要が営まれていた。

近代国家のハンセン病者に対する冷酷な仕打ちとくらべてほしい。故郷の家族、社会から「終生強制隔離」され、抵抗しようものなら懲罰用の「重監房」の牢獄につながれたのである（徳永進『隔離――故郷を追われたハンセン病者たち』）。

## 自由自在の旅

### 近江屋豊七の『道中記』

ここに一冊の『道中記』（袖日記）の写しがある。江戸の平和を満喫した旅人の記録である。表に「文久三癸亥《きがい》年正月吉日」、裏に「上州高崎田町近江屋豊七」とあり、さらに末尾に「上州高崎田町弐丁目近江屋宗兵衛代豊七」とあるところから、豊七は東山道高崎宿田町二丁目で開業する商人近江屋宗兵衛の代参であるとわかる。主人公の近江屋豊七は、はじめての泊まり新町宿で、冒頭に、やるぞとばかりに道中の目ざすところを書きつけている。

四国讃州中之郡丸亀
神柱象頭《ぞうず》山金毘羅《さんこんぴら》大権現
正月廿五日出立
　中仙道新町宿新亀屋勢楢
同行弐人

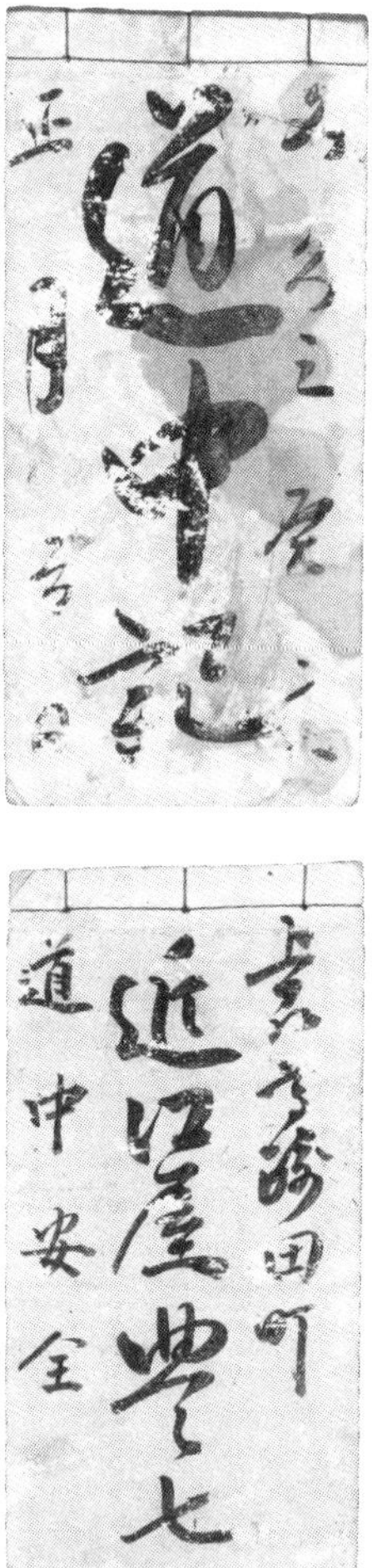


**近江屋豊七「道中記」** 手慣れた筆さばきと語彙の豊富さから、利発な24歳の商人を彷彿させる。

松屋和兵衛
近江屋豊七
伊勢両宮参
其外四国
西国
名所

第一目標の主人宗兵衛代参の四国金刀毘羅大権現を大書したあと、末尾に、途中立ち寄ろうと伊勢外宮内宮の参詣、あわよくば総なめに見物してやろうと四国・西国・名所を書き加えた。じつに欲張った旅の構想である。同行は松屋和兵衛、おそらく松屋を名乗る商人の代参であろう。文久三年（一八六三）といえば幕末江戸の終焉まで四年、京都では物騒なテロが勃発していたが、それゆえにこそ江戸の平和の終末期の民間人の旅が明らかにされる。

正月二五日の上州高崎出立から四月二日の京都三条橋詰まで二か月余の、壮大かつ長期の旅の日記なので、まず旅程の概略をつかんでおく。

江戸に出て伊勢をめざして東海道を上る。途中、鎌倉江ノ島・秋葉山・鳳来寺に寄り道、名古屋を経てお伊勢参り。大和へ抜け、奈良・吉野・高野山の寺社をめぐって大坂へ。四国へ渡海して金刀比羅参詣、岡山へ渡海して陸路京都へ。京三条の「目出度はし詰」の「千秋万亀仕舞」で終わっている。高崎までの帰路は重複もあってか省略されている。

なんでも見てやろうと意気込んだ旅の先々の生の印象をどのように記したか、興味津々である。豊七の五感は鋭く冴え渡って反応する。豊七は善し悪しを上下・高低の印をもってストレートに評価している。

## 宿・ガイド・観覧料

旅人にとってまず気になるのは、古今東西インフラとサービスである。道中泊まる宿に困ることなぞいっさいなく、旅行観光業が定着し、むしろ競争と選択の時代であった。
太田の泊まりの古久屋三郎次は、「此宿は至而行届《いたつてゆきとど》キ中々普請《ふしん》も上州壱位《いちい》と申事御座候《もうすことにござそうろう》、壱人前三百八十文」の評価となる。平塚宿では、「此宿は至極悪敷《しごくあしく》、茶屋も皆々大ぺけ」、宿名も書いてない。箱根湯本では知られた名湯にとまっている。

福すみ九蔵泊り、是は随分宜敷候得共《よろしくそうらえども》直印ハ高印、乍併《しかしながら》湯ハ誠ニ清水随分面白キ所御座候

二宮尊徳・福澤諭吉にゆかりの名湯である。ずいぶん良い旅館だが、それだけに宿泊代は高い。名所には案内者のガイドがいた。鎌倉に入るとすぐさま案内者が声を掛けてくる。

此所ニて案内者壱人願、八幡前迄百廿《ひやくにじゆう》文、夫より羽瀬之観音迄案内百廿文、〆弐百五十文遣ス

鎌倉では専業のガイドが待ち構え、鎌倉八幡宮と長谷の観音までに二分して二五〇文の案内料を取られている。寺社・名所の観覧料の記載はないが、当然そのつど支払ったにちがいない。

もっとも見物の名所寺社が多い奈良はどうであろうか。著名な神社仏閣の権威に甘える傲慢さに、豊七は不興感を隠さない。

此所小刀や善助泊り、此宿大不印（中略）名所見物、第一鹿沢山さるさハの池・五重之とう・七堂がらん・大仏殿・春日社其外見物末社山々、案内を頼み、不残《のこらず》拝見仕候、此所人気極あしく、何を求ても皆々案内者一心ニて高印

宿は「大不印」（まったく駄目）、ガイドの言いなりですべてが「高印」（高い観光地値段）である。

## 「美」への執念

豊七の旅は、初発の新町宿からあらわに吐露されている。

新町宿ニて
余り美婦見当り候ニ付其日より廿六日昼頃迄散財仕候、馴共《なれども》玉も上物、殊ニ大当り、道々少しもわすれる間なく楽居申候

「美婦」に「大当り」すれば「散財」をいとわず鼻の下を延ばした執念の旅である。豊七は遊里とその周辺には探りをいれ、みずから実地体験して評価を下している。途中旅宿した東海道駿府の二丁町の遊郭については、くわしい解説付きである。

弐丁町中遊女部有り、此所も一寸立寄、塩梅一見仕候所、上物金一分、次ハ弐朱、外之切見せ不残風味仕候、味合甚《はなはだ》あしく言ハ不印、其代り一切まハしなし、壱夜たきずめ、升数御好之方様ハ御立寄風味御覧可被下候

徳川御三家尾張藩六〇万石の城下名古屋は、豊七にとってこの上ない歓楽の都市であった。

此所遊ハ沢山、定柴居《じょうしばい》も有、げい者上物沢山、まくらも付、月仕切別迄有、自由自才之所、米会所も有、両御坊共京都之通別而東御□所ハ江戸浅草より美しく誠以申分無之所ニ御座候

常設の芝居小屋があり、上品な数多の芸者の接待が受けられる「自由自才」で、城下には米会所・東西本願寺の別院が軒を並べ、見てきたばかりの「江戸浅草より美しく」申し分のないとこ

ろであった。豊七は、津島の日本惣本社牛頭《ごず》天王宮で、想い描いていた絶世の美女と遭遇する。

　珍敷《めずらしき》美女見当り、其風ぞく美敷事草紙ニてかくことく、国元出立後始て之美女御座候

豊七は一貫して「美」にこだわりがあり、とくに「美女」に目がなかった。出立してから一か月も過ぎた三月四日、伊勢山田の御師《おし》三日市太夫次郎に着いた。「役勤金百疋《ひき》・坊入金百疋・山□ん弐百文〆金弐分ト弐百文」を納めて案内され、外宮・内宮・二見浦・朝熊をひと回り巡拝する。参詣が済むや「古市よりげい者三人迎ニ参り、大騒ギ大当り」となる。豊七の伊勢参りの成果は「古市江繰出し」、八日の出立まで歓楽を尽くすことにあった。

　そもそも四日之晩より杦本・備前屋両家参り金花ヲちらし、下女下男ニ至迄其目をとゞろかし候

聖地に性地あり、古市は全国各地から伊勢参りに雲集する人びとの遊楽の特区であった。豊七は『道中記』の末尾に「古市定宿」と銘打って、「吉原再見」ふうに宿定めをしている。

上々　備前屋小三良殿
中上　枕本屋七兵衛殿
中　　あはや　　両家名前
下　　かゝハや　不相分落《あいわからず》ス

備前屋の接遇が余程気に入ったらしく「上々」、合格点の枕本屋は「中上」、「あはや」と「かゝハや」は不合格で名前も覚えていない。

豊七には、あとにつづく同類への申し送りの狙いがあるようである。大坂へ三月一七日着到、備後町二丁目の木屋夘兵衛に宿をとる。取引先らしい安兵衛の懇切な案内があったせいか、商都大坂の評価は「大極上々吉」であった。とりわけ、豊七が感動したのは天保山《てんぽうざん》の「舟楽」であった。

天保山上ル、右山松木沢山、随分広キ事、茶や・料理や沢山、京中中分なし、面白キ山御座候、是より返りニハ堂島江上り金相場之所より米相場之辺不残一見
惣而《そうじて》舟楽ハ東とは又々格別也、屋形舟も好次第ニて料理人・げい者付之舟もあり、二階付之舟も有、実ニ自由自在ニ御座候

商人豊七には、天下の台所と「自由自在」の遊楽が共存、満喫できる商都が自由都市に映ったのかもしれない。肝腎の金刀毘羅はどうなっているのか。船便を探し二一日出船、一ノ谷で風待ち、田の口に上陸、四国に入り、丸亀を経て金刀毘羅山の麓に到着、三月二五日朝参りで済ましている。参拝の記事は簡潔で早々に丸亀へ引き返し、岡山へ渡海して陸路京都へ向かった。

## 近代企業人の眼

豊七を快楽のみ追い求める商人と見なすのは早計である。道中、道々の暮らしぶり、地域の産業への観察を怠っていない。日記とは別に「心得」と題して特記している。

一、名御やより凡《およそ》壱里《いちり》斗《ばかり》行木田村と申有、是所太織島《ふとおりしま》買場有、惣而此所より津島迄所々村々皆々太織買場有り

一、いせ地へ参り、桑名より四日市之間白木綿と成ル、馴共《なれども》下物斗《ばかり》之様子、此間ニ日《ひ》永《なが》村有、松岡申問屋有、是より神戸・

**中澤豊七**　その後、中澤豊七商店を立ち上げ、上毛の地域振興に貢献した。地方財界人の風貌をたたえている。

白子・上野迄ハ皆々布明《あき》しま斗織屋なる、是ハ皆高はた也

豊七は名古屋・伊勢古市で遊びほうけていたわけではない。絹繁昌の国上州の商人らしく、太織島の買場に注目しつつも三河・尾張・伊勢にまたがる一大木綿産地に眼を光らせ、織機の高機《たかはた》に重大な関心を払っている。その後も河内三日市ふく町・堺の木綿に注目し、いざり機か高機かを観察している。また商機をうかがってか、大坂・京都の金銀両替相場の変動をメモしている。

豊七はこのとき二四歳の若者であった。四年後の慶応三年（一八六七）、那波郡今村の実家から分家、高崎田町近江屋宗兵衛から独立して伊勢崎本町に進出、織物業の店を構えた。

豊七の才覚は冴え、商売は順調に発展、企業人として衆目の認めるところとなり、その後は地域産業のリーダーに推され、伊勢崎銀行・織物取引所を創設、両毛鉄道の敷設にも力を発揮した。「豊七」の名前はいまなお「中沢豊七商店」として継承されている。豊七若き日の奔放の旅は、その後の地域産業の有力なオルガナイザーとしての生涯に、大きな実体験の肥やしになった。

# 終章

# 辞世を刻む

## 生涯自足の辞世

七章にわたって思いつくまま、さまざまな視点から「江戸の平和力」を検証してきた。本書を閉じるにあたって、半世紀の江戸時代史研究をもういちど振り返ってみた。ふと、江戸時代のふつうの人びとが人生の最期をどのように迎え、死んでいったのか、という疑問がわいてきた。アプローチする方法はないか。できれば、ここにも、江戸の平和の力量のメルクマールとなるなにかが隠されているのではと思いめぐらした。

そうだ、かつて手習塾《てならい》の師匠の筆子塚《ふでこづか》を探し求めて寺や墓地を歩いたが、辞世とおぼしき一句・一首を刻んだ墓碑と出会うことが間々あった。風化し、苔むして判読がむずかしかったが、解読してみると、騒然とした現代から忘れられ、ひっそりと立つお墓の主から、己の人生はかくしかじかと語りかけられたような感慨に浸ったこともあった。後世に名を残した人物とは考えられず、辞世もけっして文学史に取り上げられていないが、己の生涯を一句・一首の辞世に凝縮して後世の子孫に伝えたいという思いが、ひしひしと伝わってきた。

当時よく歩いた静岡県御殿場市・小山町あたりのフィールドノートを引っ張りだして、墓碑に刻まれた辞世をアトランダムに拾ってみた。あやふやな記憶をたどりながら、墓碑の感触を思い起こしながらの作業である。

富士山宝永噴火の砂降りで廃村から復興を遂げた駿州駿東郡柴怒田《しばんた》村（現、御殿場市）の医家瀬戸良伯が、文化二年（一八〇五）一一月一二日、五八歳で没した。門人が一〇年後の文化一二年八月一一日に建立した筆子塚に、辞世が刻まれていた。

辞世　行旅のうし路に寒き風

文化三年二月二七日、六五歳で亡くなった駿東郡御殿場村の医家渡辺宗因の筆子塚が、同家の墓地西田中の庚申寺《こうしんじ》跡に所在する。右側面に辞世一首が彫られている。

かせになひく　草葉の露の　ほりなさを　見しも聞しも　我□（（愛カ））となれ

翌文化四年一〇月七日、駿東郡菅沼村（現、小山町）湯山市蔵の筆子塚に、辞世が刻まれていた。前に述べた同村湯山文右衛門の筆子塚の三九年前になる。

汐の引　ごとくなりけり　霧時雨

御殿場市渡辺家の墓地内に、天保七年（一八三六）七月一八日建立の関係者と思われる遇沢里雄（不明）の筆子塚もあった。辞世は漢文で、人生八〇年を回顧し、さらに一首を詠じている。

八十年歳吉凶一夢　体命有期天下泰平

兼てより　我たのしみも　張子たり　さらハいのちそ　恋とうもるゝ

嘉永二年（一八四九）極月二一日に没した湯山権左衛門の筆子塚が、駿東郡竹之下村（現、小山町）興雲寺境内の同家の墓所にあった。権左衛門は二宮尊徳の竹之下仕法の指導者として知られる名望家である。辞世は、尊徳のイメージとはひと味違った浮世を洒落尽くした潔さがにじみでている。

辞世　世の中を　洒落つくして　其後は　つちに此身を　舎利首《されこうべ》かな

万延元年（一八六〇）五月九日に没した鈴木九郎左衛門の筆子塚は、駿東郡竹之下村宝鏡寺境内の同家墓所内にあった。辞世は足柄山麓の夏の風情を偲ぶ一首である。

辞世　あしからの　山ほとゝきす　夏なから　けふをかきりの　聞をさめかな

慶応二年（一八六六）六月一六日没の湯山治兵衛（俳号月江鷗斎）の駿東郡阿多野村（現、小山町）穂見神社に所在する句碑に刻まれた辞世である。

往く道の　さうち（掃除）も出来て　夏の月

その後歩いた群馬県赤城山麓の村々でも出会っている。国定忠治研究の発端となったのは、寺子屋師匠の菩提寺養寿寺住職貞然の文久元年（一八六一）一一月一二日の筆子塚に刻まれた辞世であった。「あつかりしもの」が忠治の首であったか否かについては既に述べた。

あつかりし　ものを返して　死出の旅

忠治ゆかりの菊池徳の村五目牛でもたまたま見つけた、神谷林平の嘉永四年（一八五一）八月九日没の墓碑に辞世があった。なにか死を笑い飛ばしている感がある。

　此娑婆《しゃば》ハ　ほんに浮世の仮り住居　亦来《また》て永く　安楽をせん

俳諧結社蓼園社《たでそのしゃ》の末席に連なり、船津午麦《ふなつごばく》が将来を嘱望していた船津伊作（俳号如竹）は、嘉永二年六月二九日、婿入りした品川家で二九歳の若さで急逝した。伊作の墓を探し、ようやく共同墓地の寿司詰め状態のなかから見いだした。期待していたのは如竹の辞世であった。小ぶりの墓の側面に文字らしきものが彫られている。辞世は静寂であった。原之郷村の自然な暮らしが写生されている。思い半ばでこの世を去らねばならなかった百姓俳人の怨念はまったくなかった。

　涼しさや　見慣れぬ　山の　朝ぼらけ　　如竹

元治元年（一八六四）一〇月九日、行年八七歳で大往生した社主藍沢無満《あいざわむまん》の辞世は、肖像と一体に仕立てられた掛け軸にあった。

けふきりの　ひと覚へけり　小六月

午麦は息子冬扇に家職を譲って行脚に出る夢があった。安政四年（一八五七）一二月五日、突如四八歳で病没する。午麦の筆子塚の辞世は、師無満が生涯にふさしい一句を選んだといわれる。

をりをしむ　こゝろのさきを　華雪吹《はなふぶき》

大袈裟にいうわけではないが、辞世を詠み、まして墓碑に刻む行為は、みずから死を直視し、生涯を一句・一首に凝縮して総括することにほかならない。ここでは辞世の文学作品としての善し悪しはまったく問題外である。彼らは村に生まれ、泰平の御代を生きて、村の土に帰った。識字力を身につけているが、百姓身分の者である。

江戸の百姓たちはなにゆえに辞世を墓碑に刻ませたのであろうか。なにを語りかけたかったのであろうか。よく江戸時代の民衆を語るに、桎梏《しっこく》の身分制度と全剰余労働を搾取される体制に緊縛され、百姓の一生は無知と諦念で一括されてきた。これら墓を建てわざわざ辞世を彫刻させる、ひとつの文化現象からは、そのような暗澹たるものは微塵《みじん》も感じられない。

彼らは死に臨み、生きた現世を静かに振り返り、深く透徹した境地を四季折々の風情のなかに詠み込んでいる。なかには洒落・諧謔《かいぎゃく》を込めて楽しんでいる余裕さえみられる。

## 学徒兵の遺書

ここまで来て、ふと日本の近代のことに思いが向けられた。江戸の百姓を無知と諦観一色に塗りつぶし、江戸時代を否定し、そのうえに見事に開花した近代国家、大日本帝国下の国民の人生とはなんであったのか。日本国臣民の最期は余りに無惨ではなかったか。

突如学業半ばにして国のため、天皇陛下のためと二〇代の若さで死んでいった学徒の遺書『きけわだつみのこえ』（岩波文庫）が脳裡に浮かんだ。もちろん江戸の人びとの辞世と学徒兵の遺書を比較するのは唐突であろう。しかし、一世紀余の時空を越えて死に向かい合った両者には、その時代と社会の本随を透徹しているなにかがあることも確かである。

昭和二〇年（一九四五）五月一一日、敗戦わずか三か月前、陸軍特別攻撃隊員として沖縄嘉手納沖米機動部隊に突入、戦死した二二歳の上原良司の出撃前夜の「所感」の末尾である。

明日は自由主義者が一人この世から去って行きます。彼の後姿は淋しいですが、心中満足で一杯です。言いたい事を言いたいだけ言いました。無礼を御許し下さい。ではこの辺で。

出撃の前夜記す

昭和一八年、東部ニューギニア戦線で行方不明となった筒井厚（25）の妻泰子に宛てた「たまたま出来た愚作」一首は、辞世と見なしていいのではないか。

喜びも　はた悲しみも　何かせん　この一瞬を　幸とこそ知れ

さらば

昭和一九年、インドのアッサム州コヒマで戦死した鈴木保次（23）が出征のとき詠んだ辞世とおぼしき三首

言いのこす言葉はなくてすこやかにくらせというに涙ぐみしか

およばずを知りつつ汽車にてをふりて走る従妹に顔をそむけぬ

汽車ははや甲斐山峡をひたはしる大きわかれのこころたえたり

昭和二一年、シンガポールのチャンギー刑務所にて戦犯として刑死した木村久夫（28）の処刑前夜の作、辞世二首である。

おののきも悲しみもなし絞首台母の笑顔をいだききてゆかむ
風も凪《な》ぎ雨もやみたりさわやかに朝日をあびて明日は出でまし

物理的に国家から愛国の美名のため命を奪われた若者の重く悲痛な叫びである。大正期の教養人であっただけに、無念と空しさが伝わってくる。注釈は無用であろう。

江戸人は亡くなると、個人墓か夫婦墓に葬られ、なかには一生を一句・一首に詠み込んだ辞世まで刻んでもらえた。行き倒れも手厚く葬られ、無縁の死は嫌悪された。

わずか七〇年以前を思い起こして欲しい。太平洋上の島々や南海深く沈没した艦船、またアジア大陸各国に散在するかつての戦場に、いまなお屍《しかばね》をさらしている。故国に帰れず、異国・異郷の地を何百万という霊魂がさまよっている。内地でも原爆・空襲によって何百万もの非戦闘員の民間人の命が奪われた。なかにはいまなお爆死したまま、祀《まつ》られない行方不明者が多数いる。やるせないのは、彼らの死の向こうに何百万というアジア諸国の犠牲者が厳在することである。

そういえば、かつて地域史研究のひとつの方法の実例にしようと、駿東郡葛山村（現、裾野市）の石造物を悉皆《しっかい》で調査したことがあった。村の菩提寺仙年寺の墓地を一望してその異様さに驚いた。幾何学模様を織りなす家墓の墓域と整然と区画されて、戦死者の墓碑があたかも直立不動の姿勢で林立していたのである。三七基、兄弟で戦死したため合祀されたものがあり、総数は四五名にのぼった。二〇代が三三人、四三人は中国大陸・フィリピン・太平洋諸島など異国での戦死者であった。ちなみに昭和一九年一〇月、第一次神風特別攻撃隊員となってフィリピン・スリガオ海峡の米空母に体当たりした、最年少二〇歳の若者も含まれている。

葛山は、本書序章で紹介した「天下和順」「兵戈無用」を祈願した寛文一二年（一六七二）建立の庚申供養塔の村である。江戸の平和の村が無惨に打ち砕かれていた。

国家の戦争が村の戦争であったことが、一目瞭然となった。結婚も家族を持つこともなく異常死した村の若者に対する村人の思いが伝わってくる。

単純、短絡との批判があろうが、江戸の平和と七〇年以前とを人間の命、人間の一生の問題に絞って比較を試みた。江戸の平和の力が揺るぎない事実として呼び覚まされてくる。

# あとがき

九月一九日未明「安保法案」が参議院本会議で可決、成立してから二か月が経とうとしている。世は安穏を装ってはいるが、国のかたちは一変した。敗戦から七〇年、戦争する国が再現した。本書の執筆中は牽強付会《けんきょうふかい》な九条解釈改憲の真っ最中で、五五年前六〇年安保改定に反対して国会前にいた己と重ね、もどかしく無力感にとらわれた日々であった。

新安保体制なるものは、突然降って湧いたものではなく、日本近現代史に巣くう宿痾《しゅくあ》が発症したものである。その基底には、黒船の脅威と攘夷を清算できず引きずりつづけているところにある。振り返って、栄光の近代に踏みつけにされた江戸二世紀半余の未曾有《みぞう》の平和はなんだったのか。

ナニヤカヤしているうちに研究者稼業も半世紀にもなり、今春、後期高齢者入りを宣告され、気力体力ともに衰え、身辺整理に着手したところであった。この機会に、原点に立ち帰って江戸の平和に絞って、見直してみたらどうなるか、蛮勇を鼓して挑戦するにいたった。思い立ったのは、フィールドワークの合間に、ふと気づかされたことがあったからである。

## あとがき

出発点は、中央のアカデミズムから離脱し、静岡県の教員になってもっぱら周辺の地域を歩いた郷土研究であった。種々雑多な資料と直接対決する郷土研究の魅力に眼を開かされた。日記などの私文書や筆子塚《ふでこづか》・順礼供養塔などの石造物は、旧来の公文書にくらべるまでもなくおもしろかった。桎梏《しっこく》な身分制度に束縛され、全剰余労働を搾取される農民像とはまったく異質なさまざまな個性的な顔をした民衆に出会った。

家産を所有し暮らしに余裕のできた農家は子どもに手習塾に通わせ、主は『論語《ろんご》』を読んで家訓を垂れ、下手な俳句を詠んで俳諧結社で交遊し、女房は順礼の旅に出て憂さを晴らしていた。その後、関東農村の荒廃の代名詞であった群馬では、蚕繁昌を引きつけて時代を疾走する人物に邂逅《かいこう》した。近代に先行した村落指導者船津《ふなつ》午麦《ごばく》、アウトローの国定忠治はその典型であった。千葉県では、醬油と干鰯《ほしか》で潤う利根川下流域に、農村の復興と賭場の拡大に辣腕《らつわん》をふるう大原幽学と飯岡助五郎と遭遇した。

点々としてバラバラな風景の断面ではあるが、視点を絞れば、江戸の平和力一点に収斂《しゅうれん》してくるように考えられたのである。人びとは知らず知らず、平和の有難味を自覚し、継承し、天下泰平を最高の道徳に築き上げていた。

一気に書き上げて二つのテーマを見落としたことに気がついた。ひとつは百姓一揆が盾に取った江戸の平和ための「仁政」の建前である。いまひとつは春画に顕著な「性」の開放である。改めて機会を待ちたい。

本書は故青木美智男さんの縁から生まれた。青木さんを偲ぶ会で敬文舎柳町敬直さんに再会し、執筆を請われた。「お好きなテーマで思う存分書いて下さい。一か月一度でいいですから、新宿の敬文舎に出てきてください。種々打ち合わせを兼ね雑談しましょう。そのときは執筆分をお忘れなく」。

日ごろ趣味もなく、酒も飲めなくなって時間を持て余していた老耄《ろうもう》には、じつに魅力的な申し出であった。柳町さんの誘蛾灯に誘われ、新宿の談論風発のひとときを楽しみに、酷暑の夏もせっせとノルマを果たし、なんとか約束を果たせたかなといったところである。

生前直接濃いつき合いはなかったが、アトランダムな研究を羅針盤のごとく見守っていてくれた青木美智男さんの仕事を少しでも引き継ぐものであってくれたらと念じている。

フィールドを駆け回っていたころから、かれこれ三、四十年以上経過した。遠く記憶の世界になったが、各地各所で調査に協力いただき大変お世話になった方々には、感謝の気持ちは持ちつづけている。

本書は多岐にわたった調査研究からまとめたため、参考文献が既刊の著書などに分散して所収されているものが多く、重複など煩雑にわたっている。御寛容願いたい。

松田之利・降幡浩樹・萩原佳子・猪瀬映里子各氏にお世話になった。感謝申しあげたい。執筆のノルマとひとときの充足を提供してくれた柳町敬直社長以下敬文舎の皆さんにも付記して謝意を表したい。

二〇一五年一一月

高橋　敏

書9所収）
・高橋敏「贈答と賄賂」（著書5所収）
・高橋敏「○○屋お主も悪よのう」（『歴博』92号 1999）

**第四章**

・小林計一郎『小林一茶』吉川弘文館、1961
・青木美智男『小林一茶―時代をよむ俳諧師』山川出版社、2012
・佐藤雅美『吾、器に過ぎたるか』講談社、2003
・高橋敏「江戸の顔役」（『ものがたり日本列島を生きた人たち7伝承と文学』岩波書店、2001
・高橋敏前掲「村落文化の社会的基盤」（著書2）
・高橋敏前掲著書5
・同上8
・同上12
・同上15

**第五章**

・平松義郎『近世刑事訴訟法の研究』創文社、1960
・山本金太『二足わらじ間の川又五郎』ほおづき書籍、1990
・『日本随筆大成』第2期巻1　吉川弘文館、1994
・『沼津市史資料編』近世2　沼津市、2000
・高橋敏前掲著書8
・同上11
・同上14
・同上15

**第六章**

・青木美智男『小林一茶―時代を詠んだ俳諧師』岩波新書、2014
・『芭蕉文集』日本古典文学大系、岩波書店、1959
・『静岡県教育史通史編上巻』静岡県立教育研修所、1972
・高橋敏「俳諧の普及からみた地方文化」（著書1所収）
・高橋敏「関東農村の荒廃と農民倫理の形成」（著書2所収）
・高橋敏「地方文人と文化結社」（著書2所収）
・高橋敏「近世村落と農民剣術」（著書2所収）
・高橋敏「馬庭念流の家」（著書3所収）

**第七章**

・柴田純「近世のパスポート体制―紀州藩田辺領を中心に」京都女子大学史学会「史窓」62号、2004
・徳永進『隔離―故郷を追われたハンセン病者たち 』岩波現代文庫、2001
・高橋敏「民衆の旅―順礼供養塔からみた旅の教育・文化史的意義」（著書1所収）
・高橋敏「近世民衆の旅と行旅病死」沼津市史研究2号、1993（のち、著書6に所収）
・高橋敏「行動する近世庶民の眼―「道中記」の世界」『図説群馬県の歴史』河出書房新社、1989

**終章**

・『きけわだつみのこえ』岩波文庫、1995
・高橋敏「石造物からみた地域の歴史―裾野市葛山を例に」見る・読む・わかる日本の歴史5『自分でやってみよう』朝日新聞社、1993

## 参考文献

### 全編

高橋敏著書
1.『日本民衆教育史研究』未来社、1978
2.『近世村落生活史序説―上野国原之郷村の研究』未来社、1990
3.『国定忠治の時代―読み書きと剣術』平凡選書、1990（のち、ちくま文庫）
4.『村の手習塾―家族と子供の発見』朝日百科「歴史を読みなおす 20」1995
5.『江戸の訴訟―御宿村一件顛末』岩波新書、1996
6.『家族と子供の時代―躾と消費からみる』朝日新聞社、1997
7.『近代史のなかの教育』岩波書店、1999
8.『国定忠治』岩波新書、2000
9.『江戸村方騒動顛末記』ちくま新書、2001
10.『博徒の幕末維新』ちくま新書、2004
11.『清水次郎長と幕末維新―『東海遊侠伝』の世界』岩波書店、2004
12.『大原幽学と幕末村落社会―改心楼始末記』岩波書店、2005
13.『江戸の教育力』ちくま新書、2007
14.『清水次郎長―幕末維新と博徒の世界』岩波新書、2010
15.『大原幽学と飯岡助五郎―遊説と遊侠の地域再編』山川出版社、2011

### 序章

・藤木久志『雑兵たちの戦場』朝日選書、1995
・藤木久志『飢餓と戦争の戦国を行く』朝日選書、2001
・『裾野市の石造物　中巻』裾野市史編さん室、1996
・『藤原惺窩・林羅山』日本思想大系 28 岩波書店、1975
・入江宏『近世庶民家訓の研究―「家」の経営と教育』多賀出版、1996
・『民権運動の思想』日本思想体系 58 岩波書店、1970

### 第一章

・今和次郎『民家論』ドメス出版、1971
・原田龍雄・浜口幹三郎『赤城山麓の民家』群馬出版、1948
・高橋敏「民家の生活文化史―赤城型民家の時代と社会」国立歴史民俗博物館研究報告 35 集、1991
・高橋敏「村落文化の社会的基盤―近世村落原之郷村の生活史」（著書 2 所収）
・高橋敏「近世町人家族の肖像」（著書 6 所収）

### 第二章

・『賀茂村の若衆制度』賀茂村教育委員会、1988
・青木美智男『深読み浮世風呂』小学館、2003
・高橋敏「近世村落における子どもの存在状況」（著書 2 所収）
・高橋敏「近世村落と手習塾―手習塾九十九庵の実証的研究」（著書 2 所収）
・高橋敏「子供から大人へ―若者条目の世界」（著書 7 所収）
・高橋敏「長福寺住職不帰依一件」（著書 6 所収）
・高橋敏「大原幽学の改革と村落の生活習俗」（著書 12 所収）

### 第三章

・『拝領と献上』犬山城白帝文庫歴史文化館、2007
・藤実久美子『江戸の武家名鑑』吉川弘文館、2008
・喜田川守貞『近世風俗志』1　岩波文庫、1996
・『歌舞伎十八番集』日本古典文学大系、岩波書店、1965
・高橋敏「近世社会の公と私―尾張藩御用株一件」（著書 6 所収）
・高橋敏「宇奈根村百姓源右衛門」（著

## な行



## は行



## ま行



## や行



## わ行

# 索引

000* —写真、図版のあるページを示す

## あ行



## か行



## さ行



## た行

日本歴史 私の最新講義 18
江戸の平和力――戦争をしなかった江戸の250年

2015年12月11日　第1版 第1刷発行

著　者　　高橋　敏
発行者　　柳町 敬直
発行所　　株式会社 敬文舎
〒160-0023　東京都新宿区西新宿 3-3-23
ファミール西新宿 405 号
電話　03-6302-0699（編集・販売）
URL　http://k-bun.co.jp
印刷・製本　中央精版印刷株式会社

造本には十分注意をしておりますが、万一、乱丁、落丁本などがございましたら、小社宛てにお送りください。送料小社負担にてお取替えいたします。


Printed in Japan ISBN978-4-906822-18-8